企业生命周期新纪元

组织人才与创新、数字化

孙 平 柏雪梅 著

电子工业出版社
Publishing House of Electronics Industry
北京·BEIJING

未经许可，不得以任何方式复制或抄袭本书之部分或全部内容。
版权所有，侵权必究。

图书在版编目（CIP）数据

企业生命周期新纪元：组织人才与创新、数字化 / 孙平，柏雪梅著. -- 北京：电子工业出版社，2024. 8. ISBN 978-7-121-48467-4

Ⅰ. F279.23

中国国家版本馆CIP数据核字第202450MD55号

责任编辑：缪晓红　　　特约编辑：李新承
印　　刷：三河市鑫金马印装有限公司
装　　订：三河市鑫金马印装有限公司
出版发行：电子工业出版社
　　　　　北京市海淀区万寿路173信箱　　　邮编：100036
开　　本：710×1000　1/16　　印张：13.25　　字数：188千字
版　　次：2024年8月第1版
印　　次：2025年6月第2次印刷
定　　价：85.00元

凡所购买电子工业出版社图书有缺损问题，请向购买书店调换。若书店售缺，请与本社发行部联系，联系及邮购电话：（010）88254888，88258888。
质量投诉请发邮件至zlts@phei.com.cn，盗版侵权举报请发邮件至dbqq@phei.com.cn。
本书咨询联系方式：（010）88254760。

序一

在商业世界的浩瀚星海中，每个企业都遵循着自己的生命周期规律，从诞生到沉寂，这一过程充满了无限的可能性与挑战。欣闻墨泽（作者在阿里巴巴的花名：墨泽）的新作《企业生命周期新纪元：组织人才与创新、数字化》即将出版，在我看来，这是一本及时出现的案头指南，为那些在商海中航行的舵手们答疑解惑。

我在阿里巴巴工作期间，和墨泽一起共事过。亲眼见证了他以其深厚扎实的人力资源管理经验，支持不同业务在不同生命周期阶段实现转型与突破。在《企业生命周期新纪元：组织人才与创新、数字化》一书中，墨泽将这些宝贵的经验凝聚成文字，为我们揭开了企业成长的奥秘。

本书不仅提供了丰富的理论，更是一本实践指南。它以作者亲身经历为基础，深入探讨了企业在创业、成长、成熟乃至迭代阶段所面临的组织和人才问题，并提供了切实可行的解决策略。墨泽将复杂的管理理论转化为简洁明了的模型和方法，使读者能够快速把握企业生命周期的精髓，从而在实际工作中游刃有余。

特别值得一提的是，墨泽在书中提出的"业务、组织、人才"三角模型，这一创新性的组织诊断工具，为企业提供了一种全新的自我审视和能力提升的途径。通过对这三个维度的深入分析，企业可以更加精准地识别问题、制定策略，实现持续的优化与发展。

在阅读本书的过程中，我自己对墨泽关于企业生命周期规律的深刻理解和独到见解印象深刻。难能可贵的是，墨泽没有停留在理论层面，而是将理论与实践相结合，通过丰富的案例分析，让读者能够直观地感受到这些理论在现实中的应用效果。

我相信，无论是初创企业的创始人，还是成熟企业的管理者，都能从这本书中获得宝贵的启示。它不仅能够帮助企业在激烈的市场竞争中立于不败之地，更能够引导企业实现长远的可持续发展。

最后，感谢墨泽将这些年的思考和实践集结成书，为我们提供了这样一本深入浅出、指导性强的专业著作。我把这本《企业生命周期新纪元：组织人才与创新、数字化》推荐给每位对企业管理和组织发展有兴趣的读者，让我们一起探索企业成长的无限可能。

谭亮

香港大学经管学院管理实务教授

阿里巴巴前集团企业大学负责人

GE 大学前中国校区负责人

序二

任何组织都是由一个又一个非常不同的个体组成的，形容每个个体的语言词汇都会有极大的不同。但我们看组织会习惯于秉持较少的几个标准来定义，并且默认某个定义里的组织出来的每个人都要符合组织的定义。这是个有趣的现象，背后呈现了组织和个体互相成就、妥协、弥补之下的共同生长关系。"借事修人，借人成事"作为出发点和结局，都可以换来回望的会心一笑，发生的过程往往无意多于有心。

如果企业核心策略层和人力资源负责人（希望这两类角色较早地合体）可以从一开始就以看个体的特质和发展来看组织，从组织自身的成长变化看个体互动不同阶段的表达，上班或许就不令人头痛了？

本书从组织生命周期的发展看组织变化，探索其群体规律的形成与发展，或许可以帮助更多管理者对当下面临的问题有深度思考，对未来可能性有所预判和高质量提前介入。

苗翠花

阿里巴巴集团前资深总监

序三

在这个充满变革与机遇的时代，企业的发展与成长离不开对其生命周期的深刻理解和掌握。企业如同有机生命体，从萌芽、成长、成熟到衰退，每个阶段都有其独特的规律与挑战。在这本书中，作者孙平（还是习惯称他在阿里巴巴的花名：墨泽）凭借自己丰富的职业经历和深刻的洞察，为我们揭示了企业在不同生命周期阶段所面临的组织和人才问题，并提供了系统性的方法和解决方案，这本书沉淀出了很多的宝贵的实战经验和有效的方式方法的验证。

作者孙平在本书中详细分享了他在阿里巴巴集团、蚂蚁集团和菜鸟集团等多个岗位上的宝贵经验。他从一名人力资源业务合作伙伴开始，逐步转向组织发展、人力资源投并购和组织治理等多个领域，积累了丰富的实践经验。这些经验不仅涵盖了企业在高速发展阶段的各种业务模式，还包括了如何在不同阶段应对组织和人才的复杂问题。

企业的生命周期可以分为创业阶段、成长阶段、成熟阶段和衰退阶段。每个阶段都有其独特的组织和人才策略需求。在创业阶段，企业的核心目标是生存，这一阶段需要创始人和团队集中精力推动产品和市场的初步成功。在成长阶段，企业需要建立系统的内部管理体系，通过机制和流程的优化推动业务扩张。在成熟阶段，如何保持企业的活力，激发员工的创新精神，是企业面临的主要挑战。最终，企业需要通过不断的自我迭代，寻找新的增长点，进入下一个生命周期。

人力资源在企业中能否发挥出核心价值，简单来说是和企业生命周期的发展规律相辅相成的，无非从业务—组织—人的维度去支持和推动其发展，更加需要有判断、识别、介入、变革的能力和勇气，同时也需要遵循一定的规律顺势而为，方能找到有效的解法。孙平在阿里巴巴集团的实践工作中，顺势而上、大胆求真、软硬皆施，用科学的态度践行了一系列的方法论和案例，而且在不同的业务类别和领域中浸泡，使他更加深了对客户价值、对人力资源、对组织发展的理解。

孙平通过对阿里巴巴集团内外多个案例的深度剖析，为我们提供了丰富的实战经验和理论指导。他强调，企业在不同生命周期阶段应采取相应的策略，以应对各阶段特有的挑战和机遇。例如，在成长阶段，企业应注重建立和完善内部管理体系；在成熟阶段，企业应不断激发内部创新，寻找新的业务增长点。

本书不仅是一本理论指导书，更是一部充满实践智慧的管理宝典。孙平通过具体的案例和详细的分析，帮助企业管理者、HR 从业者及所有关心企业发展的读者，深入理解企业生命周期规律，从而在实际工作中更好地应对各种挑战，推动企业持续健康发展。

很欣慰孙平的无私分享和深入研究，希望本书能够成为企业管理者和 HR 从业者的良师益友，助力企业在激烈的市场竞争中脱颖而出，从优秀走向卓越，实现可持续发展的稳步向前的有更大社会价值的组织。

张黔平（江湖花名：十三姨）
阿里巴巴集团前人力资源组织发展总监
菜鸟集团前 OTD 负责人

前言

我从事人力资源工作近 20 年，之前曾是两家上市公司的人力资源（HR）负责人，负责人力资源综合管理工作。2011 年之后的 10 多年我是在阿里巴巴度过的，有幸赶上阿里巴巴高速发展的 10 年。

在阿里巴巴，我先后在 4 个不同的岗位上工作。2011 年，在支付宝做人力资源业务合作伙伴（Human Resource Business Partner，HRBP），搭档的业务部门是支付宝客户运营中心，在不同时期负责运营中心中后台及前线团队的 HR 工作。2015 年伊始，转到阿里巴巴集团总部组织发展岗，即 Organization Development（OD）岗。OD岗也是我在阿里巴巴工作时间最长的一个岗位。2018 年，我转去集团投并购的 Merger &Acquisition（M&A）HR 岗位，负责对接本地生活、物流、创新业务三大板块的投并购业务。2019 年，我在阿里巴巴的最后一个岗位是集团组织治理岗位，负责集团组织架构梳理、用工模式多元化探索及落地、层级改革、组织及人才信息安全等多个集团化大型项目。直到 2020 年年底，我加入菜鸟集团，重新回归 OD 岗，帮助菜鸟实施从 3000 人规模扩充到 11000 人的"四合一"收购整合项目，从 0 到 1 搭建菜鸟物流业务的岗位体系。

这 10 多年里，阿里巴巴集团、蚂蚁集团（早年是支付宝，后来发展为小微金服、蚂蚁金服，直至近年更名为蚂蚁集团）和菜鸟集团三个集团公司我都工作过。我经历了阿里巴巴集团在高速发展时期的不同业务和不同发展阶段：有的业务走到了成熟期，比如淘宝、天猫这样的电商业务；有的业务还处在不同的创业阶段，比如菜鸟物流业务和以新零售为代表的盒马鲜生；还有的业务处在高速发展阶段，比如钉钉、阿里云。不同的业务发展阶段对应的组织和人才策略也不尽相同。

正因为有了这些经历，加上我本身从事的就是组织和人才发展方面的工作，所以我开始思考企业在不同的发展阶段所面临的组织和人才问题，以及如何解决这些问题，并尝试做方法沉淀、经验萃取。

在总结这些年接触过的大大小小的公司时我发现，很多创始人、管理者或者HR，他们提出来的困惑和问题，最终都能归结到企业发展的不同阶段所面临的问题，以及这些问题有何规律。因此，学习和掌握企业生命周期规律，并运用周期和规律的思维方式来应对和解决当下遇到的问题，显得非常重要，这也是我写这本书的初衷。

企业发展生命周期可以分为创业阶段、成长阶段、成熟阶段、衰退阶段和死亡。我相信，任何企业组织都不希望自己从成熟走向衰退，到最后走向终结。创业者、企业管理者们，包括员工都希望企业可以持续、稳定发展，避免走向衰退，这就需要企业找到新的业绩增长点，俗称企业发展的第二曲线，也就是进入"迭代阶段"，即企业可以实现自我迭代式发展，不断焕发新的生命力。

我在阿里巴巴的这10多年，经历了不同业务、不同发展阶段的组织从0到1，从1到10，业务和组织的发展也促使我思考，不同发展阶段的企业到底要做什么？带着这些思考我从阿里巴巴"毕业"，开始转型做人力资源顾问。这段经历和历练，让我更加坚信，创业阶段企业最核心的目标就是活下去，不需要也不能被各种管理体系、流程、机制束缚住，否则必死无疑。走到成长阶段的企业，内部管理体系、机制、流程的建设开始成为推动业务扩张、组织发展的核心力量。而走到成熟阶段的企业，各种管理体系都已经比较健全和完善，如何保持创业精神、持续增长是重中之重；处在这个阶段的企业，开始通过创新找到新的业务发展机会和第二增长曲线，企业便从成熟阶段进入迭代阶段。如果迈不过这个坎，成熟阶段的企业必将走向衰退。思考许久，我决定把组织能力建设方法、工具的研究聚焦在成长阶段、成熟阶段和迭代阶段，这也是本书没有创业阶段这部分内容的原因，尤其是处在成长阶段的企业，体系建设是组织能力建设的重点，篇幅最大、内容最多。

在本书最后，我把在阿里巴巴经历的几则有趣的小故事整理出来，让大家了解更加真实的阿里巴巴。

希望本书可以为处于不同发展阶段的企业创始人、管理者，以及人力资源从业者提供思考和帮助，我将十分欣慰。

在写作本书的过程中，得到了量子教育陈燕、柏雪梅两位老师的大力支持，电子工业出版社的责任编辑缪晓红也给予了极大的帮助，在此衷心感谢。

目录

第一章 企业发展的生命周期规律 …………………… 1
  第一节 人类的生命周期规律 …………………… 2
  第二节 企业的生命周期规律 …………………… 4
  第三节 企业生命周期规律新分类 …………………… 8

第二章 正确看待企业发展中的问题 …………………… 12
  第一节 国家或王朝兴衰的公式 …………………… 13
  第二节 企业兴衰的规律 …………………… 15
  第三节 如何应对企业发展过程中的问题 …………………… 16

第三章 组织诊断与组织能力提升三角模型 …………………… 19

第四章 成长阶段的企业管理体系建设 …………………… 29
  第一节 战略执行四部曲 …………………… 32
  第二节 业务共创会 …………………… 41
  第三节 KPI 通晒 …………………… 55
  第四节 组织及人才盘点 …………………… 61

第五节　业务和项目复盘…………………………………………92
第六节　组织架构设计……………………………………………101
第七节　人才选育用留机制………………………………………110

第五章　成熟阶段的企业如何激发活力 …………………… 136
第一节　创业精神缺失的源头……………………………………137
第二节　找到组织变革的契机……………………………………141
第三节　培养有创业精神的一号位………………………………148
第四节　打造管理者画像…………………………………………155

第六章　迭代阶段的企业如何寻找第二增长曲线 ………… 161
第一节　企业的第二增长曲线……………………………………163
第二节　跳出创新者窘境…………………………………………166
第三节　多元化用工实现降本增效………………………………171
第四节　数字化管理工具提升管理效率…………………………178

附录A：阿里巴巴小故事 …………………………………… 191
晋升失败者联盟……………………………………………………191
永远买不到的馒头…………………………………………………192
笑傲江湖……………………………………………………………193
阿里云，杀杀杀……………………………………………………194
钉钉扫楼……………………………………………………………195
神帖终结者…………………………………………………………196

第一章　企业发展的生命周期规律

相信很多人都看过热播电视剧《三体》，这部电视剧是根据刘慈欣《三体》系列图书的第一部改编而成的。在完整地看完《三体》系列图书后，我总结出一个规律，那就是宇宙中的生命都是有生存周期和发展规律的，文明生存也是有法则的。周期和规律适用于世间万物，组织的发展也不例外。

第一节 人类的生命周期规律

想要理解周期和规律，首先要从个体入手，看看人类作为地球上的高等生命体有何周期和规律表现。人类从出生走向死亡，即使在科技水平如此之高的如今，即使有人富可敌国，花费巨额资金改善身体机能，延缓身体衰老，最终也没有跳出这个生命发展的周期，这就是规律。

人类的生命周期规律还体现为在生命的不同阶段，人类都会做相似的事情，得到相似的结果。古人所说的"三十而立，四十而不惑，五十而知天命，六十而耳顺"诠释的就是这个道理。

人类在婴儿期，唯一需要做的就是吃、睡，汲取各种营养满足身体生长发育的需要，可以说生存是人类婴儿期的主旋律。到了少儿期，除了身体的生长发育，大脑发育到达顶峰。这个时期的人类对世界产生好奇，开始探索世界，对身边各种事物产生强烈的好奇心理和探索欲望，可以说探索未知是人类在少儿期的关键行为表现。到了少年期，人们开始进入校园系统地学习知识，从小学到中学，再到大学，知识水平逐步提高，思维方式逐步形成，世界观、人生观、价值观也逐步完善，为将来走向社会打基础，因此，学习是人类在少年期主要做的事情。进入青年期，人们从校园步入社会，开始投入工作和事业，通过自身努力获取回报，能够在社会立足，成立自己的家庭，成为真正独立的社会人，因此，投入工作和事业从而获取价值回报是人类在青年期的主旋律。进入中年期后，人们已在社会上摸爬滚打多年，或顺风顺水，或被生活所虐，或事业有成，或举步维艰，大多数中年人都获得了事业和生活的平衡，即便在事业上难以获得成就和价值感，也会在家庭或者其他方面寻找价值点，因此，在中年期，寻求个人价值是主旋律。到了老年期，人们从工作岗位上退下来，随着身体机能的逐渐退化，已经不能承受高强度的社会性工作，基本上都会回归家庭，享受退休生活，帮着子女带孩子，到各地旅游，只要身体状态好就可以惬意地享受生活。

每个人都可以在或将在上述各个时期找到自己的身影，无法跳脱，因为这就是周期，也是规律。

第二节　企业的生命周期规律

在简单了解人类个体的生命周期规律之后，我们一起来看企业的生命周期规律。要想了解、学习企业的生命周期规律，不得不提到一个人，那就是美国加州大学的教授伊查克·爱迪斯（Ichak Adizes），他花了几十年的时间研究企业的生命周期这一课题。伊查克·爱迪斯教授出版了他的代表作——著名的《企业生命周期》一书。在书中，伊查克·爱迪斯教授用系统的方法、拟人化的方式，非常巧妙地把企业的整个生命周期比喻成人的生命周期的 10 个阶段，分别是：孕育期、婴儿期、学步期、青春期、壮年期、稳定期、贵族期、官僚早期、官僚期和死亡。

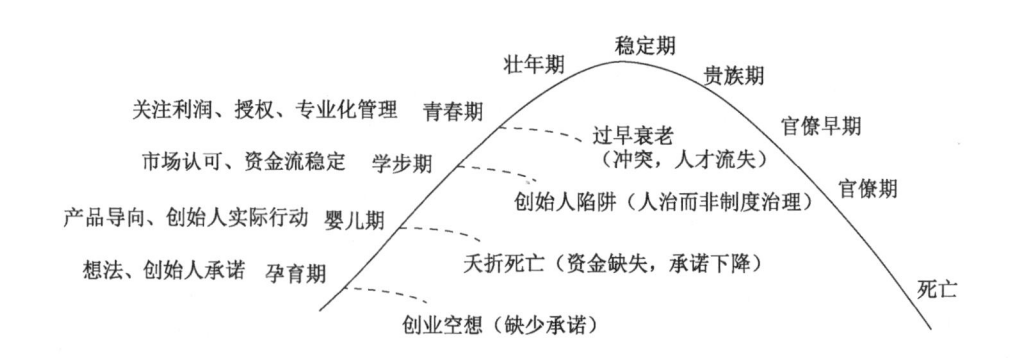

孕育期：首先，当公司的创始人有了一个好的想法（idea）时，一颗创业的种子就此埋下。如果这时创始人为了这个idea付诸行动，比如组建团队、注册公司、租赁场地，则公司随之诞生。如果创始人只有想法而没有付诸任何的实际行动，那么当初那个好的idea就只是一个缺少承诺的创业空想。

婴儿期：创立公司之后，就来到了婴儿期。婴儿期的公司必须以产品为导向，而不能以销售为导向。公司必须把自己的产品推向市场，获得市场和用户的认可。在这个阶段，创始人必须亲自参与很多事情，比如设计并完善产品、拜访客户、开拓市场、寻找资金支持等。在这个阶段，一旦创始人的投入减少，或者保证公司运行的资金链断裂，那么公司就会走向夭折。

学步期：当公司的产品得到市场认可，销售和资金流比较稳定以后，公司就算活下来了，这时企业就来到了学步期。在学步期，一个比较大的风险是此时的企业容易走入"创始人陷阱"。何为"创始人陷阱"？在这个阶段，创始人即公司，公司即创始人，企业在顺利度过了孕育期和婴儿期之后，创始人很容易产生一种想法，那就是公司获得成功都是自己一人之功，觉得自己了不起。此时一旦创始人做出的决策不当，或者在管理上出现一些比较重大的失误，公司就会走向衰落。

青春期：当公司的销售、利润比较稳定，同时内部的各项管理机制、流程制度也得到了一定的完善后，公司就来到了青春期。在这个阶段，公司内部的冲突和矛盾开始显现，具体体现为投资人和公司创业团队之间的矛盾、创业团队内部的矛盾，以及新人和老人之间的矛盾。同时，在这个阶段，核心员工开始流失。如果这些问题得不到解决，这家公司也会过早衰退。

壮年期：壮年期分为两个阶段，一个是仍在成长的壮年期，也称作壮年早期，一个是壮年晚期（也称作夕阳期）。处于壮年早期的企业，销售收入和利润仍旧呈增长趋势，企业的市场占有率仍处于上升趋势，企业体现出来的凝聚力和整合能力很强，企业内部管理制度化、流程化，发展目标非常清晰和明确。壮年期并非企业生命周期的顶点，它是一个过程。处于壮年期的企业最大的挑战就是如何保持壮年状态而不下滑。因为企业内部的管理运营效率和产出效益均在逐步下降，企业的发展速度放缓，并且企业的衰退下滑就出现在壮年期。衰退的表现有：懒得寻求变化，甚至对外界变化懒得做出回应；企业的"深度管理"出现问题，无法自愈。

稳定期：稳定期和壮年晚期很难清晰界定，几乎融合在一起。处于稳定期的企业，销售收入虽然在增长，但是由新产品创造的收入却在下降，或者不再有突破性的新产品。企业失去灵活性，很容易满足，丧失寻求变化和创新的欲望，创业创新精神消失殆尽。处于稳定期的企业，"权力衙门"开始出现，文化导向开始发生变化。比如，思考问题时从为什么做及怎么做，变成由谁来做；在选拔人才时，从看贡献变成看个性；公司的"权力中心"从带来销售收入和利润的一线营销生产部门，变成财务、法律和人事等后台行政部门。

贵族期：进入贵族期的企业已然处于衰退阶段，灵活性进一步下降，产品落伍，开始丢失市场份额，在竞争面前越来越软弱无力，却仍旧兑现利益分配的承诺。进入贵族期的企业并不缺资金，会继续通过花钱收购一些有活力的企业来维持自身的发展。企业内部管理开始注重各种形式主义，如召开各种会议来鼓舞士气，强调着装规则、会议纪律、沟通称谓等。

官僚早期、官僚期和死亡：面对不断萎缩的市场份额，以及减少的销售收入和利润，贵族期企业迅速进入官僚早期、官僚期甚至死亡，这个过程发展迅猛，并不是逐渐演变的。处于官僚早期的企业，各种管理层的斗争开始显现，业绩持续下滑，有才华的人被无情打压，不得不选择离开。进入官僚期的企业不再以客户为导向，对客户的需求置之不理，内部制度繁多，却无法提升工作效率。此时，若没有外部力量支撑（只能依赖心存不满的客户），或者没有其他利益集团维系，那么企业内部没有人愿意真正投入工作，企业即宣告死亡。

相信大家看到这里，会不自觉产生代入感，将自己的企业定位到上述某个阶段中，因为各个不同阶段的特征和企业的行为表现等显性特质比较容易识别。事实上，一个企业内不同的部门可能处在生命周期的不同阶段，在某个时期内，企业可能在生命周期的不同阶段来回变化。但是，公司作为一个整体，在大部分时间里的行为表现符合生命周期某个阶段的特点，这也是伊查克·爱迪斯教授的观点。

大家有兴趣可以读一读《企业生命周期》这本书，书中还针对企业在生命周期的各个阶段常出现的各种问题进行了深度剖析，并给出了破解方法。强烈建议企业创始人、管理团队，以及人力资源从业人员，认真学习企业生命周期规律，从中汲取养分，完善自己的管理思想，优化自身的管理行为。

○ **企业生命周期新纪元：组织人才与创新、数字化**

第三节 企业生命周期规律新分类

伊查克·爱迪斯教授总结提炼出来的企业生命周期的 10 个阶段非常体系化，同时他还列举了大量企业和组织的案例进行理论和方法校验，很值得学习和参考。考虑到伊查克·爱迪斯教授提供的学习案例，以及总结的经验教训均来自海外企业，照搬过来运用于国内的企业存在些许"水土不服"，在企业的实际场景中落地应用比较困难，因此本书将给大家介绍一个更加贴近本土企业实际的企业生命周期分类方法。这个方法在伊查克·爱迪斯教授生命周期 10 个阶段的基础上，将企业的生命周期分为 4 个阶段，分别是创业阶段、成长阶段、成熟阶段和迭代阶段。

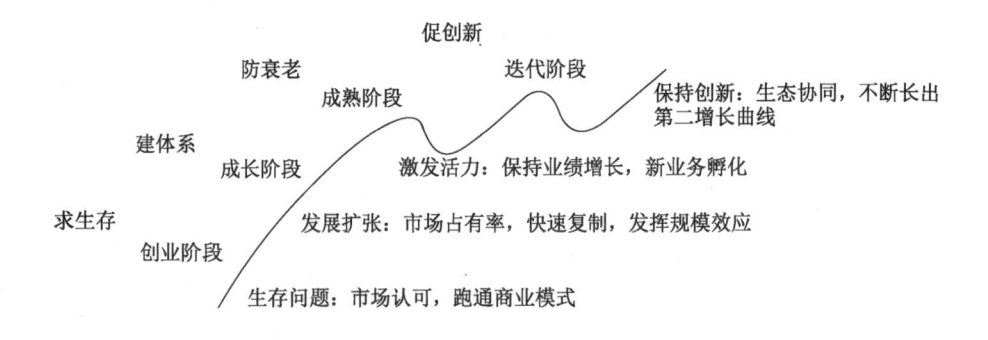

促创新
防衰老　　　　　迭代阶段
　　　成熟阶段　　　　　　　保持创新：生态协同，不断长出
建体系　　　　　　　　　　　第二增长曲线
　　成长阶段　　　激发活力：保持业绩增长，新业务孵化
求生存　　　　发展扩张：市场占有率，快速复制，发挥规模效应
　　创业阶段
　　　　　　生存问题：市场认可，跑通商业模式

创业阶段对应伊查克·爱迪斯教授企业生命周期10个阶段中的孕育期和婴儿期，成长阶段对应学步期和青春期，成熟阶段对应壮年期和稳定期。

（1）在创业阶段，企业面临的是生存问题，如何活下来是企业的主旋律。在创业阶段，企业要想获得市场的认可，跑通商业模式，应把重心放在产品上而不是销售收入上，尽快打开市场。

（2）在成长阶段，企业已经解决了生存问题，不需要再为活下去而担心。这时候企业的产品基本成型，市场和用户对产品和企业的认知度也有所积累，企业要解决的是扩大自己的市场规模，提高市场占有率，进一步谋求发展。具体如何实现呢？成长阶段的企业应当快速建立内部经营管理流程、体系和机制，通过管理体系建设促使企业的价值创造可复制化，实现企业的效益最大化。

（3）当企业进入成熟阶段后，销售收入持续增长，市场规模不断扩大，市场占有率表现优异，产品销售利润稳定，各方面迹象表明企业正朝着好的方向发展。但是，实际上在成熟阶段，企业的活力很有可能下降，主要原因在于企业的创新精神逐步消退，尤其是创始团队，已经没有了当初创业阶段的干劲。因此，成熟阶段的企业应当关注如何保持和激发企业的活力，确保企业业绩持续稳定增长。成熟阶段的企业寻找新的业务增长点，一般是通过孵化新业务来实现的，因为原有业务的收入增长速度放慢，外部原因在于市场饱和、用户黏性下降等，而内部原因大多为效能下降、成本上升。

（4）迭代阶段是我在查阅很多资料之后，总结提炼并创造出来的新的表达方式。企业自我迭代，不禁让人想起关于管理的"鹰自我蜕变"的经典故事。鹰的寿命可长达70年，但是在鹰活到40岁时，它的爪子开始老化，喙变得又长又弯，羽毛又浓又厚，飞起来非常费力，捕捉猎物甚至进食都会觉得困难。此时，鹰只有两个选择，要么等死，要么蜕变。"物竞天择"的生存规律让鹰选择蜕变。鹰会飞到一处悬崖上，在那里筑一个临时巢穴。它用喙拍打岩石直到旧喙完全脱落，然后静静地等待新喙长出。当新喙长出来后，它用新喙将老化的趾甲一片片拔掉。等新趾甲长出后，它再一根根地拔掉身上的羽毛。经历近5个月的失血、感染、饥饿甚至死亡的危险后，鹰会长出新的羽毛，最终蜕变重生——重新飞上蓝天，度过剩下的 30 余年时光。

企业的自我迭代像极了鹰的蜕变重生。前面提到，成熟阶段的企业面临的最大挑战就是自身的创新能力缺失，创新的意识和意愿不强。在成熟阶段，企业的销售利润增长反而会掩盖很多问题，容易让人产生自我满足感，从而不思进取，坐吃山空。因此，很多成熟阶段的企业会逐渐走下坡路。

在伊查克·爱迪斯教授提出的企业生命周期 10 个阶段中，企业一旦步入壮年晚期和稳定期，将很快从发展的顶峰开始走下坡路，走向衰退。而成熟阶段对应壮年期和稳定期，因此进入成熟阶段的企业，稍有不慎就会走向衰退，直至死亡。

成熟阶段的企业应对衰退的办法，不是阻止衰退，而是暂缓衰退，是让这个过程变慢，而不是让它消失。因为企业不可能违背这个生命周期规律。使企业衰退过程变慢的核心目的是找到新的业务增长点，让企业重新获得增长曲线，这就是企业的第二增长曲线，如下图圈中所示。

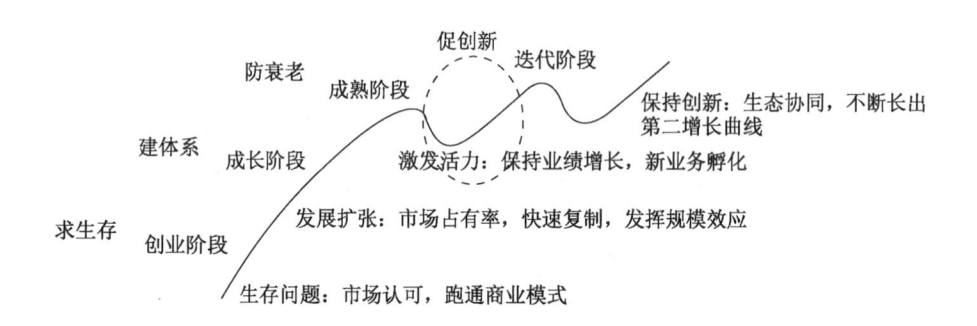

企业寻找第二增长曲线的过程，就是企业的自我迭代过程。成功找到并落地第二增长曲线，为企业带来新一轮销售利润，企业就进入了迭代阶段。对于进入迭代阶段的企业，如何保持内部的创新氛围，并确保创新的落地，是必须要面对的问题。允许成熟的老业务"自然衰老"，不断寻找企业第二增长曲线，是迭代阶段企业的重心。

迭代阶段的企业有 3 个重要特征。

(1) 特征一：迭代阶段的企业大多已发展成为集团公司。经过多年的发展，企业人员规模已达几千上万人甚至更多，在组织架构上会设立集团总部，并且诸多管理职能部门都设立在集团总部，业务和组织覆盖区域往往分布很广，面向全国甚至全球多个国家和地区。集团下辖各业务单元或以事业部的形式存在，或以独立子公司的形式存在。因此，组织和人员规模都很大，简言之，人多公司大。

(2) 特征二：企业的业务多元化且不同业务处在不同的发展阶段。成熟的老业务已经走向稳定甚至衰落，企业通过内部孵化或者外部收购寻找新的业务增长点。如果这项业务不成功，那么要很快调整方向寻求创新。而"长"出来的新业务，有的需要市场和资源的积累，尚处于创业阶段，有的发展迅速，已走到成长阶段。

(3) 特征三：由于企业规模庞大、业务复杂度高，因此必然导致管理难度大。人们经常说"船大难掉头"，说的就是发展到这个阶段的大企业。业务高度复杂，大大增加了管理难度。企业一般在成长阶段开始搭建内部各种管理体系，经过成熟阶段的发展和演变，很多管理流程、机制和体系都已经变得陈旧，与企业的发展不再匹配，这必将导致企业内部出现各种问题。优秀的企业会在不同的发展阶段主动迭代自身的管理体系和机制，以适应新的发展阶段、解决新的问题，而"反应迟钝"的企业往往顾头不顾尾，意识不到各种问题频发是由内部管理体系、机制不匹配引起的，时间拖得越久，越积重难返。

总结起来，企业在这4个阶段的主要特征和在经营管理方面需要重点突破的问题如下：创业阶段解决求生存的问题，成长阶段解决建体系的问题，成熟阶段解决防止衰老的问题，而迭代阶段要促进创新。用12个字概括即求生存、建体系、防衰老、促创新。这12个字既是不同发展阶段企业所面临的问题，也是企业在经营管理上的指导思想和方向，更是本书想要阐述的企业在不同阶段能力建设的关键所在。关于不同发展阶段企业能力建设如何在这12个字上面延展和落地，本书后面章节将会详细说明。

与人的生命周期类似，企业的发展也要经历不同的阶段，不会跳跃式发展，每个阶段都有其主要的任务和挑战。解决了当前阶段的任务，企业才能走向更高的阶段。如果解决不了当前阶段的任务，那么企业可能会走向衰退甚至死亡。

第二章　正确看待企业发展中的问题

国内知名咨询机构智纲智库的创始人王志刚老师曾经说过：思路即方法。对此，我想加上一句：认知即出路，对人、对组织皆是如此。一家企业的管理者的思路和认知水平，决定了这家企业能够走多高、走多远。除了理解企业生命周期规律，企业的管理者还需要了解另一个规律，即企业的兴衰规律。企业兴衰规律在企业生命周期的不同阶段都发挥着决定性作用。

第一节　国家或王朝兴衰的公式

国内著名的思想家和历史学家黄钟写了《帝国的崛起病》一书。在这本书中，作者以史实为依据，论从史出，落笔谨慎，在细致分析了美国、英国、日本和德国4个典型大国从建国到20世纪的发展历程，以及中国近现代200多年时间里清王朝的发展演变，找到了国家或王朝兴衰与权力制约之间的定律，并总结出一套很有意思的公式，这个公式可以帮助我们判断一个国家或王朝的兴衰。

危机	实力
·统治集团内部的危机 ·民间危机 ·国际关系危机	·物质资源 ·精神资源 ·制度与人才的使用效率

在公式的左边，是一个国家或王朝所面临的各种危机总和，包括统治集团内部的危机、民间危机和国际关系危机；而在公式的右边，则是这个国家或王朝所具备的实力总和，包括物质资源、精神资源和制度与人才的使用效率。

理解并运用这个公式很简单，这也是作者黄钟研究水平之高的具体体现。即当一个国家或王朝的危机大于实力的时候，它的发展就会受限，甚至走向衰落。当一个国家或王朝的实力大于危机的时候，它的发展就会蒸蒸日上。当国家或王朝的实力和危机持平时，则社会发展平稳。

比如，大家熟知的清朝康熙盛世，康熙年少登基，由4位辅政大臣辅佐，当时国家根基不稳，即便到了康熙亲政之后，甚至可以说在登基之后20年左右的时间里，清王朝所面临的危机仍旧大于它所具备的实力，国家发展受限、危机重重。随着时间的推移，康熙带领他的"管理团队"一步步实施宏图伟略，解决了一个又一个危机，国家实力逐步增加，国家日益昌盛，百姓安居乐业。到了后期，国家实力逐步超越了它所面临的危机，这才有了康熙盛世。

第二节　企业兴衰的规律

都说"以史为鉴",大到国家或王朝,小到个人,都可以用这个实力与危机公式来判断发展态势,当然企业也不例外,同样适用于这个公式。

企业的实力是什么?企业的产品、技术、资金、核心人才、企业文化等,都属于企业的实力。技术和产品是硬实力,文化价值观是软实力。那么,企业会面临哪些危机呢?有外部市场竞争的危机,也有内部管理不善的危机,还有人才缺失的危机,这一系列危急时刻都会对企业的生存发展造成威胁。

对应企业生命周期的4个发展阶段,从创业阶段发展到成长阶段,只有当企业的实力总和大于面临的危机总和时,即实力强大,足以解决各种危机的时候,企业才能得以继续生存发展下去。如果在创业阶段,企业的实力不足以抗衡危机,危机大于实力,那么企业就会"死"在创业阶段,根本不会走到成长阶段。从成长阶段到成熟阶段,再从成熟阶段到迭代阶段,亦遵循此规律。无论在哪个阶段,只有企业的实力大于危机,企业才能向前发展,否则就会停滞不前,甚至走向衰退,直至到达企业生命周期的终点。

对企业创始人和管理团队而言,带领企业在不同的生命周期阶段提升企业综合实力去打败危机,让企业可以穿越生命周期不断向前,才是终极使命。

第三节　如何应对企业发展过程中的问题

在认清了企业的兴衰规律之后，企业管理者必须面对一个现实问题，那就是如何应对和解决企业生命周期各个发展阶段出现的问题，才能使企业朝着生命周期的更高阶段迈进。这里给出 3 点建议，分别是：尊重企业发展的规律、增强管理的确定性和加强管理者的使命感。

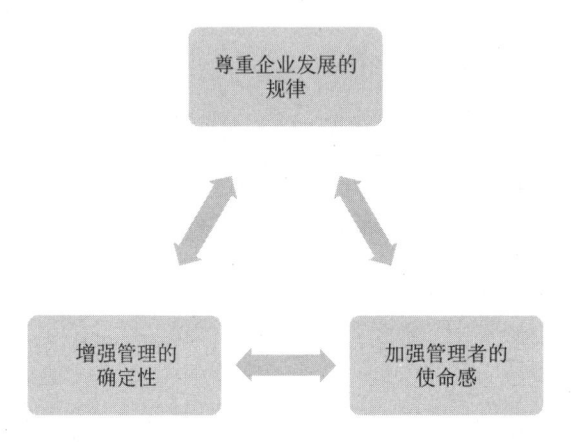

尊重企业发展的规律

本书前面详细分析了企业生命周期及国家或王朝兴衰的规律。对从事企业管理的人来说,认清并运用这些规律十分重要。

企业发展会经历不同的阶段,在某一发展阶段,如果企业自身实力大于危机,则企业就可以发展到下一个更高的阶段;如果企业自身实力不济,被危机打败,那么企业发展就会停滞直至衰败,从而根本无法向下一阶段发展。管理者应该用发展的眼光看待企业各个阶段面临的问题,尊重规律而不是逃避、抗拒问题,更不要害怕出现问题。

增强管理的确定性

开过车的人都知道,到了一个陌生的城市,开车一定会比平时更小心。尽管现在有很多高科技手段作为辅助,比如车载导航、手机导航,但是司机还是会比在自己熟悉的地方开车更加小心,距离红绿灯还有很远时便开始提前减速,到了路口提前并线进入正确车道,并且更加注意礼让行人等。

为什么人们在陌生的城市开车会比在自己熟悉的地方开车更加小心呢?因为在陌生的地方开车人们不熟悉路况,有很多不确定的因素存在,随时可能出现各种各样出乎意料的状况。也就是说,不确定性让人们在陌生的城市开车比在熟悉的地方开车更加小心谨慎。

企业在发展过程中也会遇到各种各样的突发情况。当企业的管理者能够很好地对企业发展过程中的突发情况进行预判的时候,管理的不确定性就会下降,而确定性则会增强。学习并掌握企业生命周期规律和不同发展阶段所面临问题的根本原因也在于此,这些理论可以帮助管理者更好地削弱管理的不确定性,增强管理的确定性。

加强管理者的使命感

一个人的成长并不是说他能够把所有问题都解决掉,而是有能力去面对和解决更大、更复杂和更困难的问题。管理者的使命就是要带领企业和员工，穿越企业生命周期，进入更高的发展阶段，去解决更大、更复杂的问题。

管理者首先要尊重规律，增强管理的确定性，然后用使命感来驱动自己去解决不断出现的各种问题。如果说认清企业的生命周期规律是管理者看待企业发展过程中遇到的所有问题的世界观，那么用发展的眼光通过企业能力建设去击败各种各样的问题，则是管理者应该具备的价值观。

对管理者而言，要认清规律，看清问题的本质，在解决一个又一个的问题过程中去提升企业的能力，打造企业的实力，使企业能够通过自身具备的实力打败所遇到的危机，进入生命周期的更高阶段，就如同游戏中的"打怪升级"一般。

第三章 组织诊断与组织能力提升三角模型

"组织诊断"这个词,乍一听有些晦涩难懂,但想要理解它其实并不难。我们都知道,人生病要看医生,不论是中医的望、闻、问、切,还是西医的验血看指标、使用各种仪器对身体进行检查,都是为了找到病根。找到了病根,医生便可以对症下药,做到药到病除。即使不生病,人在到了一定年龄阶段以后也应该定期做体检,也就是对身体健康程度进行检查。体检有不同的套餐,套餐不同,检查的项目也不同,通过体检可以监测每个人的身体状况,提前发现一些潜在的健康风险。

在管理学中,企业被看作一种"生命体",毕竟企业是由一个个鲜活的人组成的。生命体从诞生到死亡必定经历一个生命周期,在不同的生命周期,企业也会"生病"。组织诊断就是给企业"看病",找到"病根",开出"药方"。给企业"看病"的方法和工具,就是组织诊断所使用的方法和工具,提升组织能力就是增强企业自身的"抵抗力和免疫力",抵御来自内、外不良因素的侵害。

组织诊断使用的方法和工具有很多,下面介绍3种。

(1)第一种是麦肯锡公司提出的 7S 模型,它包括结构(Structure)、制度

（System）、风格（Style）、员工（Staff）、技能（Skill）、战略（Strategy）和共同的价值观（Shared Values）7个要素。7S模型可以帮助企业分析组织内部状况，并找出可能存在的问题和改进的方向。

（2）第二种是SWOT战略分析模型，包括分析组织的优势（Strengths）、劣势（Weaknesses）、机会（Opportunities）和威胁（Threats）。通过SWOT分析，组织可以了解自己的内部状况和外部环境，从而制定合适的战略。

（3）第三种是韦斯伯德的6个盒子理论模型，通过投入（Input）、过程（Process）、产出（Output）、结果（Outcome）、敬业度（Engagement）和影响（Impact）6个部分来识别组织的问题和改进的方向，提供一个相对全面的视角来审视组织。

国内近些年用得比较多的就是6个盒子理论模型，尤其是互联网高速发展的这10多年时间里，6个盒子理论模型在业界被普遍使用。外界对阿里巴巴这家具有代表性的互联网公司有一个认知，就是6个盒子理论模型是对阿里巴巴进行组织诊断的不二之选。很多人研究6个盒子理论模型在阿里巴巴的使用场景和案例，著书立作，甚至有人用"阿里巴巴组织诊断神器"来形容6个盒子理论模型。作为一名在阿里巴巴工作超过10年的资深人力资源从业者，先后经历多条业务线和多个人力资源岗位，我熟悉阿里巴巴进行组织诊断所使用的理论和模型工具。6个盒子理论模型确实在阿里巴巴人力资源管理体系中出现过，但仅限于很短的一段时间，使用范围也局限在较小的组织诊断场景中，它并未成为阿里巴巴在人力资源管理体系中的一部分被广泛使用，也没有经历时间考验被继续使用。

阿里巴巴第一个飞速发展的10年是B2B时代，那时整个组织靠"文化牵引"，也就是大家耳熟能详的"六脉神剑"，后来逐渐发展出绩效考核体系和职级体系。阿里巴巴绩效考核的最大特点就是50%考核业绩产出，50%考核文化价值观。把文化价值观纳入绩效定期考核，是阿里巴巴管理体系最大的特点之一，放眼望去没有几家公司像阿里巴巴这样。职级体系则按照岗位特征分为管理序列（M）和专业序列（P），按照能力水平高低分成不同的档次，如P7/P8、M4/M5。曾几何时，阿里巴巴的职级（P*）一度成为业界标杆，也登上各种社交媒体的热词榜。在B2B时代，阿里巴巴并没有专门去做组织诊断，也就没有对应的理论和模型，更多的是依靠文化价值观这个"软体系"，以及绩效考核、职级体系这两个"硬机制"。靠着这"一软两硬"，阿里巴巴快速发展，走入成长阶段。

阿里巴巴第二个飞速发展的 10 年，伴随着淘宝、天猫两大电商主营业务迅猛发展，孕育出支付宝、阿里云、菜鸟、大文娱等一系列多元化新业务。阿里巴巴迅速扩张，电商业务步入成熟阶段，其他新业务则多数处于快速成长阶段。多元化业务带来了组织规模的快速扩大，管理体系也在这 10 年中得以不断完善和迭代。"一软两硬"这三套管理体系得以延续并继续发挥重要作用，人才晋升、组织及人才盘点、领导力模型、百年系列人才培养等新的人力资源管理体系开始生发。也是在这个阶段，由于组织越来越多元和复杂，组织诊断和评估被提上议事日程。员工满意度调查、双向反馈、组织敏锐度等一系列自主研发的模型和工具开始在集团层面得到运用。如果把这些工具看作运用层，那么阿里巴巴进行组织诊断和评估的底层逻辑就是围绕"业务、组织、人才"这 6 个字组成的方法论和理论模型。

通过多年的运用和优化，我将业务、组织、人才这 3 个维度的组织诊断模型进行分解，得到一个适用于成长阶段和成熟阶段的企业进行组织诊断和组织能力提升的三角模型。

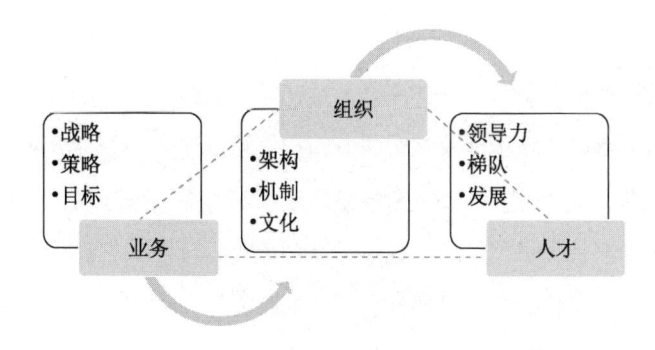

业务维度

业务维度包括战略、策略和目标 3 项内容。

- 战略：企业组织的发展方向，是企业走向未来的指路明灯。清晰明确的战略方向，可以帮助企业拨云见日、稳步向前；反之，当企业的战略方向出现差错时，企业必定会走弯路甚至走向衰败。创业阶段的企业需要解决生存问题，活下去是唯一命题，这时的战略方向不会出问题。往往是走到成长阶段和成熟阶段的企业，已将商业模式跑通了，产品也打开了市场，销售趋向稳定，这时企业必须考虑下一步要往哪里走、怎么走，这就是战略。在多数情况下，企业创始人对这一问题有比较深刻的思考，创始人如何将思考传递给整个管理团队和全体员工，并形成一致的合力，这是组织诊断必须关注的焦点。

- 策略：落地执行战略并拿到最终结果的路径和方法。跳过业务策略，从战略方向直接走到目标结果，是很多成长阶段的企业容易遇到的问题，具体表现为：企业明确发展方向和战略目标后，直接落到各个部门头上的是数字指标。而这些数字指标往往是老板头脑一热决定的，也有的企业会参考往年的业绩指标，管理人员对这些数字指标缺少充分的验证和思考，接到老板的指令马上开干，干着干着发现问题一个个出现，这时才去想指标定得是否合理。因此，需要对达成战略目标的业务策略进行充分讨论，达成共识，能否做到这一点便是对一家企业业务维度进行诊断的重要内容之一。

- 目标：即在明确了大方向和路径之后，具体要做什么、怎么做、怎么评估结果、如何激励。这里涉及从公司到部门，再到个人的目标分解、共识，以及考核周期、绩效考核工具、考核结果应用等一系列管理动作。目标管理需要和组织维度里的机制结合，通过一系列流程、制度把管理体系、机制固定下来，这也是在传递企业"要什么、不要什么"。对广大员工来说，不论多么高端的管理工具都不如绩效考核来得实在、具体，公司考核什么，员工就会关注什么。目标管理体系、流程、机制是否完备，执行是否到位，是业务维度中第三项组织诊断内容。

组织维度

组织维度包括架构、机制和文化 3 部分内容。

- 架构：指企业的组织架构。组织架构是企业战略落地路径"战略—流程—架构—职能—岗位"中承上启下的重要一环，企业战略方向决定了组织架构设计。当企业的战略方向是抢占市场份额，成为行业老大时，组织架构中跟市场份额直接关联的销售部门的架构设置一定是最重要的。一家企业的组织架构设置可以反映出企业的战略方向，后面章节会专门介绍快速成长阶段的企业如何进行组织架构设计。

- 机制：指企业内部各个职能相互协同的方式，由各企业内部的管理系统决定。人们常说的人才选育用留机制、激励机制、人才选拔和培养机制等，就属于企业管理机制的范畴，它们由企业管理系统自身决定。同样，人才培养的管理需求在不同的企业会产生不同的培养机制。企业所处发展阶段有没有匹配的管理机制，是进行组织诊断的重要依据。

- 文化：是企业所有员工共同遵循的价值准则和行为方式。企业文化不是贴在墙上的标语，也不是开会时高喊的口号，而是实实在在想问题、做事情时所体现出来的思维方式和行为模式。很多企业都自诩有企业文化，但员工层对企业文化的感知程度却非常低。员工对企业文化的感知度、认可度和推荐度，是评价一家企业文化的重要指标。

组织维度可以用下表来概括。

组织维度	盘点内容
架构	1. 架构及职能设计是否符合实现客户价值的业务流程 2. 架构是否能支撑业务发展、分工协作，能否适应快速变化 3. 能否为重点项目提供组织保障
机制	推动业务拿到结果的流程、制度是否健全和匹配，如绩效考核、奖惩、项目复盘、人才选育用留等
文化	1. 当下的公司文化土壤是否有助于开展业务、推进项目 2. 营造文化氛围应该从哪里入手 3. 小团队的子文化是否遵循公司文化的大框架

人才维度

人才维度包括领导力、梯队和发展3部分内容。

- 领导力：是指一家企业管理干部的胜任力模型。很多专家学者提出了"人人领导力"的观点，但很少有企业能真正做到，更多的还是认为管理岗位的管理人员应该具备领导力。这群人能否胜任管理岗位，能否传承企业的文化价值观，能否带领团队达成既定目标，是衡量一家企业健康度的重要指标。人们常说"火车跑得快全凭车头带"，就是这个道理。

- 梯队：指的是企业在关键岗位上的人才队伍的完善程度。在组织架构的每个管理节点上，除了现任一号位，还要有后备人才可以顶上。后备梯队可以细分为第一梯队、第二梯队甚至第三梯队，在多数情况下，按照人员的准备程度来划分，能力、意愿、价值观最佳的放在第一梯队，以此类推。很多公司只关注管理岗位人才梯队的建设和发展，往往忽视了关键的专业岗位上任职人员的人才梯队建设，关键的专业岗位的核心人才，对企业的发展、战略目标的达成同样重要。

- 发展：包括两个方面，一是企业是否具有人才上升和发展通道；二是人才的培养发展机制是否健全。很多进入快速成长阶段的企业面临的共同问题就是好人才留不住，也招不进来。出现这种情况，跟企业内部缺乏人才成长、发展通道，以及没有良好的人才培养机制有很大关系。

人才维度可以用下表概括。

人才维度	盘点内容
领导力	1. 管理者有没有建立清晰且可衡量能力的标准 2. 现有管理团队的能力水平，是否可以支撑公司向前发展 3. 管理者的培养和补齐，有无可落地执行的方案
梯队	1. 每层组织的管理一号位是否有后备梯队 2. 后备梯队的准备程度如何，是否有第一、二、三等多层梯队 3. 后备梯队人群是否已有相对应的培养计划 4. 除管理岗外，关键的专业岗位核心人才是否有储备 5. 年度关键战役、项目的负责人是否能胜任，怎么培养后备

续表

人才维度	盘点内容
发展	1. 员工是否有清晰的发展通道（专业&管理、纵向&横向） 2. 不同的发展通道内成长发展的标准是否明确 3. 关键岗位有哪些？关键岗位的核心人才在哪里？怎么培养和保留？

对"业务、组织、人才"这套组织诊断底层逻辑有了充分的理解和认知以后，便可以在此基础上延伸出多种多样的诊断工具和方法。其中，企业内部员工访谈是最直接、有效的一种诊断方法，下面将展示我给一家企业客户做组织诊断时使用的访谈问卷。访谈问卷围绕组织诊断三角模型设计，访谈对象不同，侧重点便有所不同，因此针对3个不同群体设计了3份不同的问卷，供大家参考。

问卷一：针对企业高管层

高管层访谈提纲

高管层指对企业和各自负责的业务板块有经营管理决策权的管理者。针对高管层的访谈，旨在了解高管层在企业使命愿景上是否有统一的认知，在企业长期发展的战略方向、策略和目标上是否有清晰的定位和行动计划，对支撑企业战略目标实现的组织能力、文化建设有没有思考和设计。

Q1：您怎么理解企业的使命愿景？

Q2：企业的战略及各阶段的目标是什么？比如2023年、未来3年、未来5年……

Q3：如果用一幅画来描述企业实现目标后的画面，您会怎么描述这幅画？

Q4：您认为，为了实现企业各阶段的目标，您所带领的团队应该怎么做？具体的策略是什么？阶段目标是什么？

Q5：为了实现上述目标，您认为整个企业或者您所带领的团队当下已经具备哪些能力？还有哪些不足？

Q6：在您心中，企业文化应该是什么样的？企业现状和目标有哪些差距？该做些什么来消除这些差距？

Q7：在企业运营管理上，例如流程、体系、机制方面，您还有哪些建议和想法？

Q8：有无其他补充说明（开放式）？

问卷二：针对企业中层管理者

中层管理者访谈提纲

中层管理者是高层管理者的直接下属，是各个部门的中坚管理层，是对企业的战略目标落地达成起到承上启下作用的管理者。针对中层管理者的访谈，旨在明确企业战略目标落地时，他和他的团队是否将其分解成可执行的阶段性目标，对企业在支撑业务及组织目标实现的机制、流程设计上有哪些感知和建议？是否得到企业和主管的支持？是否对自身能力有客观认知？是否明确了个人成长发展的方向？

Q1：谈一谈您对企业使命愿景的理解。

Q2：企业未来的战略方向是什么？企业及所在的中心/大部门 2022 年的目标是什么？

Q3：截至目前，您所带领的团队目标完成情况如何？遇到了哪些困难？您和您的团队为拿到结果做了哪些努力？

Q4：在实现目标的过程中，您希望企业或者主管给您哪些帮助和支持？

Q5：在日常工作中，有没有遇到一些内部协同问题？如果遇到了是怎么解决的？

Q6：自己在企业中的职业生涯规划是什么样的？

Q7：有没有其他补充说明？

问卷三：针对一线员工

一线员工访谈提纲

挑选各部门关键岗位的员工及绩优员工，通过对他们进行访谈，旨在了解他们对企业的发展方向、部门的目标是否有清晰的了解；对自身在企业及本部门的发展路径是否清晰；对自己要完成的目标和部门、企业的目标的关系是否清楚，以及完成目标是否存在困难，希望企业和主管如何助力。

Q1：您选择加入企业的初衷是什么？回首过去，自己的期许得到实现和满足了吗？

Q2: 企业和所在中心/大部门 2022 年的目标是什么？自己所在小团队的目标是什么？

Q3: 自己的指标是什么？完成情况如何？有无困难？在此过程中主管有没有给予辅导帮助？

Q4: 您还希望企业或者部门主管给予什么样的支持？

Q5: 您希望在企业获得哪些方面的学习成长或者其他收获？

Q6: 您会推荐您的同学、朋友、前同事来您所在企业工作吗？（会、不会、说不好）

Q7: 有没有其他补充说明？

通过对访谈内容的整理，对内部管理制度、文件等资料的研习，以及参加企业各级管理会议，最终形成对整个企业的组织诊断报告，提交企业管理层共同讨论，诊断报告总结页如下图所示。

业务
- 战略
- 策略
- 目标

组织
- 架构
- 机制
- 文化

人才
- 领导力
- 梯队
- 发展

1. 战略来自企业的使命愿景，通过访谈可以看出，管理层对使命愿景到战略目标的分解存在一定的异议；
2. 从战略到目标有一个很重要的策略制定环节，原则上战略方向不轻易改变，可改变的是策略，现状是管理层缺少"策略思考"，几乎都是从战略直接到具体目标，正因为少了策略部分，所以会出现对目标分解合理性的疑惑；
3. 一群人，一条心，一件事，在"一"的共识及传递方面做得不够。

1. 文化感知弱，但也不能"为了做文化而做文化"，正确的做法是分阶段把文化融入方方面面；
2. 人才的选育用留机制和内部协同机制是呼声最高的两个方面，包括但不限于：人才标准、培养、晋升、激励、跨部门沟通；
3. 组织架构设计的源头来自战略和流程设计，战略分解清晰，架构自然应运而生。同时，企业内部对组织架构的变化要有统一、正确的认知，且将变化传递到位。

1. 领导力维度，通过访谈看出管理层对"授权"有诉求，对企业创始人及核心决策层提出要求。
2. 高管层身兼数职比较普遍，一方面，从长远看企业需要有管理干部成长起来，另一方面，中层管理干部有向上发展的诉求，所以应将管理梯队培养提上日程；
3. 在人才的培养和发展上，专业能力缺失是普遍存在的问题，一方面，可以从外部引入牛人，另一方面，内部要加强专业能力提升培养，更重要的是要有员工成长发展通道设计。

除了访谈，还可以通过内部管理体系自检表，对企业内部不同的管理流程、制度、体系进行自查。只要掌握了组织诊断的底层逻辑，企业的人力资源部门甚至业务部门的管理人员都可以自行进行组织诊断，至于使用何种工具则相对简单，可以自行设计，也可以借鉴或参考外部工具。

第四章　成长阶段的企业管理体系建设

在探讨完企业生命周期不同阶段所面临的问题之后，我们来聚焦组织策略问题。对企业管理者而言，一个重要的问题是应该如何构建组织能力，使企业在这个阶段更加强大，以应对各种挑战并顺利进入下一阶段。前面介绍了企业生命周期分为4个阶段，这里将重点从成长阶段开始讲解。

成长阶段的企业已经解决了生存问题，商业模式得到了市场的认可，产品也在稳步发展，市场占有率逐渐提高。然而，这个阶段的企业仍面临着一些核心问题，即如何快速复制现有业务，实现高速发展？如何实现企业在市场上的规模效应？如何解决这个阶段特有的各种问题？

在过去的10多年里，我曾经接触过许多成长阶段企业的创始人，近几年也辅导过一些企业管理者。总结发现，成长阶段的企业面临的问题存在共性，我抽取了一些比较典型的问题呈现出来，希望能够引起大家的关注。

（1）在企业发展的方向和目标上，老板想的、管理者执行的和员工感受到的不一致。

（2）员工甚至很多管理者，并不清楚自己的工作任务、考核指标是怎么来的，只是单纯地执行，缺乏理解和认同。

（3）组织架构设计存在缺陷，导致部门职责不明确，经常"打架"，责、权、利不清晰且缺少监督机制。

（4）职能划分越来越细，管理者身兼多职，遇到能力瓶颈很难突破却又无人可用。

（5）机制和规章制度不完善，沟通成本高，被钻空子，经常出现管理风险和各种纠纷。

（6）企业文化流于形式和口号，员工对此无感。

（7）人才选拔标准不清晰，没有人才画像，招聘适合的人才困难，好不容易找到了，又因为缺少体系化的培养和落地方法，使得人才流失率较高。

（8）缺少员工成长发展通道设计，员工看不到成长和发展的希望，企业激励手段单一，留不住优秀的人才。

这些问题背后存在一定的规律。第一个和第二个问题主要集中在企业战略目标的分解、落地执行和最终拿到业务结果这个维度上；而第三个、第四个和第五个问题则主要集中在企业组织架构的设计、机制流程的设计及企业文化氛围的营造上。这些问题都需要企业在建设组织能力时加以考虑并寻求解决方案。而最后几个问题则主要集中在企业的人才选育用留机制这个维度。这些问题都是有相应的规律的，也是一位处于成长阶段的企业创始人向我提出的困惑。

他说："孙老师，我们公司已经成立了好几年了，公司的使命愿景也很清晰，整个管理团队对未来的发展方向、战略目标也已经非常清楚了。但是，公司去年的业绩不是很好，距离目标有比较大的差距。而且过去几年有个规律，就是一旦目标完成得不好，大家总会找出各种各样的客观原因，反正不会归咎于个人。"

他说如果从未来3年的战略目标来看，现在管理团队和专业人才团队人员缺乏，而且招人难，内部培养又缺少这种机制，员工晋升是没有通道的，整个公司的文化是比较温和的。创始人最后总结说："我认为整个公司的组织能力是不足以支撑这家公司未来走向3年战略目标的。"这位创始人的困惑，背后就凸显出了在这个阶段企业所面临的一些共性问题。

这些共性问题是什么？首先是创始人（或创始团队）对公司的战略方向、目标想得很清楚，并且他们内心非常坚定地认为自己对战略的思考和制定的目标是正确的。但是，在明确了这些目标之后，怎么去分解并落地执行，并且确保得到好的结果，却遇到了困难。这就是一个典型的处于成长阶段的企业遇到的目标管理体系建设缺失的问题。

○ 企业生命周期新纪元：组织人才与创新、数字化

第一节　战略执行四部曲

我们一起回顾企业发展生命周期图，进入快速成长阶段的企业，主要特征是销售收入和利润快速增长，市场占有率也在不断扩大。这时企业需要做的是发挥规模效应，想尽一切办法提升市场占有率，快速复制现有业务，以扩大规模。要想实现这个目标，企业内部必须具有相对应的管理体系，包括销售体系、产品研发体系和服务体系等，也需要在管理上建立完善的机制、流程和体系，如目标管理、预算和资金管理、人力资源管理等。因此，建立完善的体系是快速成长阶段的企业面临的主要问题。一旦管理体系建成了，就可以帮助企业实现快速成长和发展，顺利度过这一生命周期发展阶段；反之，如果企业在快速成长阶段，没有意识到需要建立管理体系，或者管理体系建立不成功，而且把专注力放在产品、市场或者销售收入和利润上，必定会面临因体系缺乏带来的各种混乱局面。

成长阶段的支付宝如何使战略落地

回顾前面提到的快速成长阶段的企业的创始人的困惑，我们不难发现，处在成长阶段的企业面临的问题是共性问题。为了更好地帮助大家理解和解决这个问题，我们

参考一个真实案例。

2012—2013年，正值支付宝（现已发展为蚂蚁集团）处于高速发展阶段。快捷支付和余额宝这两个足以载入电子支付和金融产品发展史的创新之举，就出现在这一时期的支付宝。作为客户运营中心的HRBP（人力资源管理者），本人有幸参与并见证了整个支付宝及客户运营中心如何使业务战略落地并取得成果。当然，支付宝下辖的所有事业部都在用相同的方式落地各自的业务战略并拿到结果。

2012年年底，公司核心的管理层（CEO彭蕾的直接下属，他们都是各条业务线的一号位，属于总裁级别；以及这些业务总裁的直接下属，属于总监级别，有200多人），前往桐庐召开了两天的闭门会议，这个会议叫作业务共创会。管理层聚集一堂，通过业务共创会的形式讨论未来公司的核心业务战略，明确公司未来几年的发展方向。在诸多业务核心战略中，有一项业务战略是"回归用户、提升客户体验"，这个目标被明确地写进了公司的业务战略目标中。

作为公司的一级部门，支付宝客户运营中心的主要职责是为支付宝用户提供问题的解决方案及优质的服务体验，通过服务加强用户的黏性。为了实现公司业务战略目标，客户运营中心首先组织召开了一次事业部层面的业务策略分解会。在这次业务策略分解会上，客户运营中心管理层提出了几个具体的业务策略，来承接公司"回归用户、提升客户体验"的业务战略，其中最关键的两点是：提升客户满意度和优化支付宝产品与服务的流程。

接下来为实现提升客户满意度的核心业务策略，客户运营中心进一步分解可以用来衡量客户满意度的数字指标，并最终敲定了3个关键指标：客户来电接起率、客户问题一次性解决率和客户对问题解决的满意度。这3个核心指标有了后，客户运营中心就可以更好地评估和提升服务质量，也成为整个客户运营中心的KPI（关键绩效指标）。

然后客户运营中心组织召开全体管理者大会，大会参会者除了参加业务策略分解会的中心中高层管理者，还包括一线的基层管理者，主要是客服班组长和主管。在这次管理者大会上，整个客户运营中心对KPI进行了内部公开讨论。通过管理者大会和当年的客户运营中心全员大会，客户运营中心要求全体员工贯彻执行业务策略和今年的核心目标。这样让每个员工都清楚公司的战略方向和自己的工作目标，有利于大家形成共识并推动公司业务战略的落地和业务目标的达成。

接下来在落地执行阶段，客户运营中心对下辖杭州和成都两大呼叫中心的组织架构进行了调整和优化。将杭州定位为主呼叫中心，将成都作为辅助呼叫中心，明确人员编制预算，对空缺岗位则制订相应的人员配置计划。同时，完善自营业务、外包业务和云业务的职能分工、组织架构并进行人员配备，确保整个客户运营中心背负的KPI可以通过自营、外包、云3种服务模式顺利达成。

在组织能力建设、人才队伍建设和文化氛围营造方面，由HR牵头对客户运营中心进行一次全面的组织和人才盘点：评估组织架构和人员配置情况，对关键岗位的人才进行岗位适配性评估。在管理队伍培养上，规划出两个重要的项目。第一个项目是针对一线管理者的培养，由HR牵头负责启动名为"M0"的培养项目，培养一线客服主管的后备梯队。另一个项目是引入外部高端人才，计划从外部引进产品专家，以帮助优化产品和流程，因为这在业务策略中是非常重要的一个方面。为了营造鼓舞人心的文化氛围，管理团队和HR一同策划出"CRH文化"，即创造性的（Creative）、有担当的（Responsible）和开心的（Happy）团队文化氛围，启用2012年兴起的中国高铁图片作为载体在办公区域做文化宣传。

在执行一段时间之后的阶段复盘中，客户运营中心通过季度、半年度的绩效考核和业务复盘会来检验这个阶段的成果和KPI完成情况。比如，对于KPI，哪些完成了，哪些未完成？对于完成好的，则分析背后有哪些策略、行动执行到位；对于完成不好的，则分析年初哪些计划执行不到位，遇到了哪些内外部变化，要如何对应变化等。

客户运营中心设计了一线员工季度晋升、一线主管和专业岗位半年度和年度晋升的人才晋升机制，对业绩好、有潜力、价值观优秀的员工给予晋升激励。客户运营中心授权下辖的各部门可以在月度、季度两个时间节点，对当期表现优秀的员工进行各种奖项评选，如月度、季度"安全卫士"和"优秀小二"，为获奖者颁发证书、奖杯。而整个客户运营中心也会在年度评选优秀员工、优秀团队和优秀业务攻坚项目组，给予更重分量的物质和精神激励。通过奖优罚劣，明确传递出组织需要什么和不需要什么的信息。

从设计到执行，再到考核复盘，整个闭环过程可以清晰地看到"提升客户体验"这一业务战略在客户运营中心落地执行得非常到位。那一年整个客户运营中心的绩效考核在公司中排名靠前，诸多集团层面和支付宝公司层面的奖项也颁发给了客户运营中心。这就是支付宝在快速成长阶段制定整个业务战略，以及业务战略落地执行的一个完整闭环。

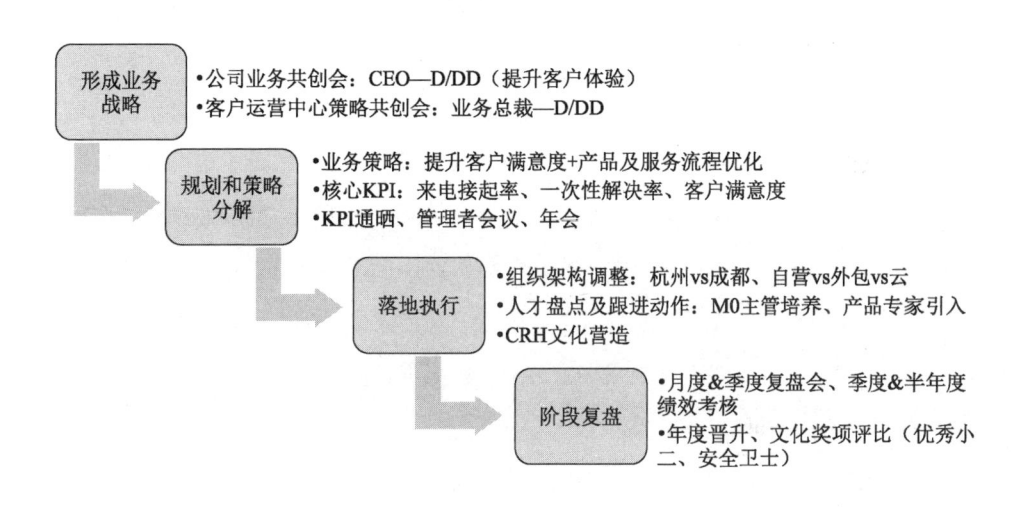

形成业务战略
- 公司业务共创会：CEO—D/DD（提升客户体验）
- 客户运营中心策略共创会：业务总裁—D/DD

规划和策略分解
- 业务策略：提升客户满意度+产品及服务流程优化
- 核心KPI：来电接起率、一次性解决率、客户满意度
- KPI通晒、管理者会议、年会

落地执行
- 组织架构调整：杭州vs成都、自营vs外包vs云
- 人才盘点及跟进动作：M0主管培养、产品专家引入
- CRH文化营造

阶段复盘
- 月度&季度复盘会、季度&半年度绩效考核
- 年度晋升、文化奖项评比（优秀小二、安全卫士）

战略执行四部曲

这个案例背后所展示的就是阿里巴巴一直在使用的"战略执行四部曲"这个工具（如下图示）。阿里巴巴之所以能发展到今天的规模和阶段，得益于在过去各个不同的发展阶段和关键战略决策节点能很好地进行战略布局和规划，更重要的是阿里巴巴可以将这些既定的战略很好地执行落地，并且能够拿到结果，即使在执行过程中可能出现各种变化，同样可以运用这个工具进行适配和迅速调整。

○ 企业生命周期新纪元：组织人才与创新、数字化

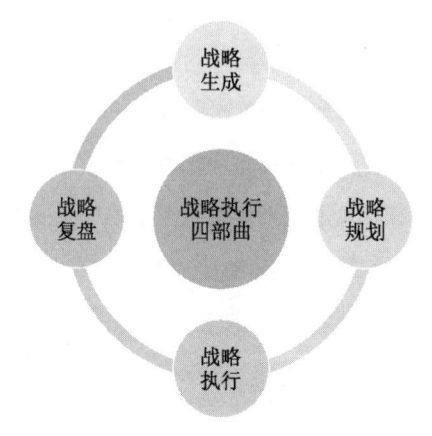

战略执行四部曲共4个步骤。第一个步骤是战略生成，也就是说这个战略是怎么来的；第二个步骤是战略规划，在这个阶段，公司需要把战略拆解成为具体可执行的行动、可衡量的量化指标；第三个步骤是战略执行，在这个阶段需要做的工作更加细致，要为实现目标提供相应的组织和人才保障，塑造文化氛围；最后一个步骤是战略复盘，即在战略执行一段时间之后，对过去的结果进行复盘和总结，为实现下一个阶段的业务目标打好基础、做好准备。

接下来详细探讨战略执行四部曲的4个步骤。

战略生成

第一步：战略生成。在这个阶段，需要明确公司的战略是什么，以及它是怎么来的。生成公司战略，应当采取两个重要的管理动作。

（1）第一个管理动作是感知客户。在阿里巴巴，"客户第一"是公司文化价值观的第一条。因此，任何时候公司都会把客户的需求和痛点放在首位。在生成战略的过程中，我们需要全方位深入地去挖掘客户的痛点和需求，只有解决了客户的痛点和需求，公司的产品才能得到客户认可，才能获得市场认可，公司才能生存下去。我见过很多公司的文化价值观，虽然也将客户放在第一位，但是公司在做战略规划和业务决策时，客户的需求和痛点很容易被忽略，取而代之首先考虑的是公司自身的销售、市场占有率和利润。

（2）第二个管理动作是召开业务共创会。由公司的核心决策层和核心管理层共同参与，通过讨论决定公司未来的发展方向和具体策略。通过这种方式的共创，可以激发整个公司对文化价值观和使命有更深入的理解，同时可以帮助新进公司的管理者更好地理解公司的愿景和价值观，并加深老管理者对这部分内容的理解和认知。在共创会上，所有人都可以发表意见和想法，没有级别和职位高低之分，这样可以提高大家的热情。

从战略生成到策略分解，再到最后指标的分解这一系列动作，对管理者来说可以很好地培养他们的战略思维。通过这个过程，管理者的个人能力也可以得到提升。因为是整个团队一起讨论出公司的战略方向和目标的，所以团队所有人要一起去面对未来的不确定性，这对整个团队的协同工作也有很大的促进作用。因此，战略生成是通过客户感知及业务共创会两个动作来完成的。

战略规划

第二步：战略规划。这个步骤是对战略方向和目标的分解与细化。在业务共创会中，管理层提出公司的战略之后，需要进一步对其进行细化，设计出可以执行的具体策略，并分解为可量化的指标。在战略规划阶段，需要采取3个具体的管理动作。

首先，要对公司的业务和组织大图达成共识。从业务视角来看，目前已经将战略细化到了策略和目标层面，而在组织视角下，需要考虑的是组织的战略，以及其能否支撑公司业务目标的实现。这就需要思考和设计公司的文化、机制、人才储备、组织架构等。

其次，要确定重点项目及通晒KPI。将目标分解之后，需要通过不同的项目去攻克，并在内部达成共识，这些共识可以减少未来在战略执行过程中出现相互扯皮的情况。

最后，通过管理者大会及全员动员大会宣导和强化公司的战略、策略和目标，让整个公司的员工都能更好地参与公司策略目标的分解。同时，这种方式对协同工作和大家彼此之间创新思维的形成也有很大的帮助。

战略执行

第三步：战略执行。到了战略执行阶段，我们就必须考虑非常实际的问题。在战略执行阶段同样有 3 个重要的管理动作。

第一，针对组织阵型的设计，进行相应的优化，包括调整组织架构，针对重点的项目建立相应的团队，并提供保障。我们知道，战略执行的路径是"战略—流程—组织—职能—岗位"，而组织是中间重要的一环，承上启下。

第二，针对组织和人才进行相应的盘点。为了实现业务目标，除了保障组织架构，在流程、机制、文化方面，以及不同专业领域的人才储备等方面，都要进行一次全方位的盘点。这就相当于给企业做了一次全面"体检"，通过"体检"，清晰地看到企业在各项指标上哪些优、哪些劣，针对"营养不良"的缺失部分及时补充"营养"。

第三，强调以战养兵，在实战中培养优秀的人才。考虑到在战略落地过程中形成了很多不同的项目，而在诸多项目落地过程中，如何选拔和培养项目 PM 及项目组成员，同样是一个非常难得的选拔和培养人才的机会。从员工视角来看，能加入公司的核心项目，对提升自身的能力将是非常难得的机会。同时，公司对重点项目的重视程度和投入较高，做好了同样能得到高回报，在绩效考核、晋升提名、项目经验积累和管理资历上都会得到好的回报。

在阿里巴巴经常听到这样一句话："做管理者要雌雄同体。"到底应该怎么理解这句话呢？这句话体现的是企业对管理者的高要求。在管理者眼中，要带领团队完成既定目标拿到结果是硬指标，是"雄"的部分。除此之外，管理者还应该在完成业务目标的过程中，关注团队建设、人才梯队培养、文化氛围打造，这是软指标，是"雌"的部分。在阿里巴巴内部，也会用阴阳八卦图来表示雌雄同体，相信很多人都看到过。

优秀的管理者同时关注软、硬两项指标，既能拿到业务结果，又能带好团队，培养人才。在战略执行阶段，通过设计组织架构为组织提供保障，对组织和人才进行全方位的盘点，在实战中培养人才。对管理者来说，这一系列管理动作可以非常好地提升他们在实际业务场景中识人、断人的管理思维。对公司来说，对于不同核心的业务领域的布局，以及对这个核心的关键人才的布局和培养，对业务目标的达成至关重要。

很多公司容易出现一些"通病"，即只重视业务本身，而忽视具体操作业务拿结果的人。因此，必须对企业关键项目中的核心人才给予重视，对这部分人的选拔、培养和保留是管理者必须做的事情。

战略复盘

第四步：战略复盘。前面三步走完之后经过一段时间，企业需要对取得的一些成果进行相应的总结和回顾，这就是复盘。战略复盘有3个管理动作。

第一，召开项目复盘会。复盘会由项目PM负责组织，汇报这段时间项目的推进执行情况、预期目标是否达成。如果目标达成，分析有哪些方面做得好，继续保持并带入下一阶段，同时总结有哪些方面做得不够好，下一阶段准备如何提升。如果目标没有达成，分析未达成的原因是什么，是外部环境变化导致的，还是内部协同出了问题，是否需要公司接着投入资源等。

第二，阶段性的绩效考核。通过评估个人和团队的投入和产出情况，作为绩效评估的依据，进而依据绩效评估的结果进行相应的奖优罚劣。如果绩效产出好，则纳入全年度绩效考核评估、季度评优、阶段性晋升提拔；如果绩效产出不好，则执行绩效改进计划。

第三，运用奖项评选、人员晋升和淘汰替换做相应的团队优化和提升。

在战略复盘阶段做完这3个管理动作，对鼓舞整个公司的士气是非常有帮助的，同时也传递出了公司需要什么和不需要什么的明确信号。公司还可以营造一种"小胜即庆"的文化氛围，即在业务目标达成的路径图上，分解设置多个阶段性的里程碑小目标。每达成一个小目标，就在公司内部召开一次小型庆功会，让所有人感受到目标达成的喜悦和自信，让做得好的人上台分享自己成功的秘诀和获得回报的喜悦心情。"小胜即庆"的文化氛围，可以充分激发整个公司员工的成就感和价值感，因为做得好的人已经得到公司的认可——个人晋升或获得相应的回报。这种氛围能让整个公司充满活力，员工干劲十足。

通过不断地复盘和反思，无论是个人还是团队，都会逐渐形成一种复盘总结反思的氛围和思维方式，这种氛围和思维方式对整个组织的优化和提升非常重要。

以上是对战略执行四部曲的完整介绍，它分为4个阶段：战略生成、战略规划、战略执行及战略复盘。每个阶段都有其特定的管理动作和目标，共同构成了整个战略从设计到执行的过程，总结提炼可以用下表表示。

阶段	管理动作
战略生成	• 客户感知之旅 • 业务共创会
战略规划	• 业务与组织大图 • 重点项目/KPI通晒 • 管理大会/全员动员大会
战略执行	• 组织及人才盘点 • 组织阵型设计优化 • 以战养兵
战略复盘	• 项目复盘和总结 • 绩效评价、个人和群体review • 奖项、晋升、淘汰替换

在一个年度内，企业可以进行一个大循环，即按照战略生成、战略规划、战略执行和战略复盘的顺序进行。而在半年度或季度内，企业可以设计执行一个小型循环，同样也按照这4个步骤进行。企业要始终围绕着自身的业务目标执行4个步骤中的各种管理动作。只要这些管理动作执行到位，企业便可以获得预期结果。即便在执行过程中出现少量偏差，只要企业按照战略执行四部曲中的管理动作及时进行纠偏，就会重新回到正轨，继续朝着既定的目标前行。

对成长阶段的企业而言，要想保持业务快速增长，实现规模效应，迅速提升市场占有率，就必须有一套强有力的目标管理体系做支撑，战略执行四部曲就是这样一套可以确保企业拿到业务结果的目标管理体系和工具。下面将对战略执行四部曲中比较有代表性的管理动作展开详述。

第四章　成长阶段的企业管理体系建设

第二节　业务共创会

设计并展开业务共创是战略执行四部曲第一步战略生成的重要内容。走过创业阶段来到成长阶段，企业该往哪里走、业务重心是否需要调整、产品服务是否需要升级、是否需要主动寻找新的客户群体并挖掘新需求等一系列问题会摆在企业面前急需解决。如何解决这些问题是值得深入探究的。身边企业里的小伙伴，包括很多公司的老板，经常把"共创"二字挂在嘴边，动辄便会来上一句："大家一起共创。"恐怕很多人尚未搞清楚到底什么是共创、共创到底能发挥什么作用、怎么设计共创会。

什么是共创

请大家想象一个场景：在数千年前的人类社会发展初期，在森林深处有一个氏族部落。深秋的一个晚上，部落首领召集部落里的长者和部落法师围坐在一起，共同商量如何面对即将到来的漫漫冬季，到底是追随猎物迁徙的轨迹继续向森林深处前进，还是向南方温暖湿润的草原迁徙过冬。大家你一言我一语，纷纷发表自己的看法和意见。有长者提出希望继续沿着前辈的足迹追随猎物的足迹向森林深处迁徙，因为这是多少年来部落一直遵循的行事准则；也有长者提出可以向温暖湿润的南方草原迁徙，虽然冒险，但是草原会提供更多的过冬食物，部落里的老人、孩子可以免受冬季严寒的折磨。

在经过一整夜漫长的讨论后，部落首领在充分权衡两种方案的利弊之后，提出希望带领部落向南迁徙，到温暖湿润的草原去过冬。大家举手表决，在场大多数人都举手赞同，少数持不同意见的长者在看到多数人的意见之后，也服从了这个决定。事实证明，大家商量之后的决策是完全正确的，部落意外发现了更加适合过冬的草原，那里有充足的水源、食物，甚至攒下了不少粮食和牲口，部落的实力得到加强。

共创并不是现代人的发明创造，那个围坐在一起讨论部落在即将来临的冬季何去何从的会议，就是一种共创。共创是一群人一起讨论、商量，最终形成一致性结论的过程。所有人都参与这个讨论过程，也认可最后的结论，不论结论好坏，所有人都为这个决策的后果买单。

共创依靠的是群体智慧，参与者在完全开放的心态下对未知进行探索的一种方式。共创有两个最重要的特征：第一，共创是团队所有人智慧的结晶，不是少数几个人的决定，更不是团队一号位做出的决定。很多共创会失败就是因为原本应该是所有人的智慧碰撞，结果变成一号位一个人的独角戏，或者只有少数个别人参与互动讨论。因此，只要组织共创会议，所有参加会议的人都必须全身心投入进来，贡献自己的智慧，不仅要做参与者，更重要的是做贡献者。第二，参与共创的所有人必须秉持完全开放的心态，不能包裹住自己。这里完全开放的心态有两层含义，一是要敢说，不遮掩自己的真实想法，有不同的意见或不一样的想法、创意，都应该大胆地说出来；二是不要担心说错，在面对未知的时候，任何人都不能保证自己的观点一定就是正确的。因此，在共创会中，有的观点、想法很可能不正确，此时最关键的是让参加共创会的人不把关注点放在"纠偏"上，否则大家很容易从发散思维模式进入某一个点状的思维模式，对共创会要实现的目标不利。这方面和头脑风暴会议的原则是相同的，即充分表达自己的观点，而不是纠正他人的错误。

共创适用的场景

"共创"这个词在很多企业里都比较流行,但很多人对它的认识存在误区。什么情况下要搞共创?什么情况下不做共创?这两个问题的答案很多人并不是很清楚。我有一个客户曾经对我说:"孙老师,公司确定了年度目标,我所带领的部门今年业绩压力比较大,不知道怎么完成公司的指标,想请你帮忙搞一次共创会,部门里的所有人一起想想办法。"很明显,他没有真正理解共创的本质。于是我问了他几个问题:"你们部门今年负责的业务中有之前没做过的新业务吗?""没有!""当下各项业务中有走到全新的未知领域导致不知道如何开展的吗?""没有!""业务上下游的合作流程、合作模式有新的变化和挑战吗?""没有!"

基于这3个否定的答案,我判定他需要的不是业务共创会,而是一次可以帮助整个团队进行业务目标分解、寻找实现目标方法的策略分解和团队目标共识会议。从确定目标到拿到结果的过程中,中间有一个环节至关重要,那就是实现目标的方式,也就是人们通常所说的业务策略。很多公司会将年度业务目标直接转化为可量化的业绩指标,有的甚至是老板或者几个高管层合计后就拍板确定了,下发之后就开始盯着团队要结果,对于怎么拿到这个结果不管不问,或者很少过问。最终我给他的建议是用头脑风暴的形式,召开业务策略分解和目标共识会议,而不是最初他想要的共创会。

通过共创形成企业的战略,并以此为基础使用战略执行四部曲这套目标管理工具,并非只有成长阶段的企业才能使用。事实上,只要企业经过了创业阶段,在成长阶段、成熟阶段及迭代阶段都可以利用战略执行四部曲这套工具来完善企业的经营目标管理。从企业管理发展阶段的演变路径来看,成长阶段的企业需要开始建立自身的管理体系,而战略执行四部曲这套目标管理工具比较适用。

业务共创会是生成公司战略的一种工具,它的本质是依靠群体的智慧去解决未知的问题。在经历了创业阶段的生死存亡之后,企业创始人很清楚接下来企业要往哪里走,在这种情况下,企业创始人的战略方向是清晰且坚定的,不需要通过共创的方式来讨论、生成新的战略和方向,只需按照自己心中所想来规划、落地业务目标即可,在战略执行四部曲的闭环路径中,可以直接进入第二步战略规划阶段。还有一些企业进入成长阶段后，继续使用原有的业务模式，创始人为了让企业快速发展，扩大经营收入，会很快引入全新的业务机会，或者通过整合外部资源和团队，一同扩大原先的业务范畴，在原有业务的基础上进行创新以提升销售收入。通过业务共创来生成公司战略，主要适用于后者这种情形。

下面从两个维度——业务模式和业务发展阶段来分析业务共创会适用的业务场景。

业务模式

首先来看业务模式这个维度。什么类型的业务适合用共创？一是新业务。大家对新业务怎么干及干成什么样其实没有清晰的概念，尚在摸索过程中，因此这种业务适合用共创来进行相应的讨论。二是复杂的业务。单靠个体或一个独立的团队不能解决复杂的局面，需要协同不同的人或其他团队一起参与解决，这时也可以通过共创做业务层面的探讨。当一项业务的完成需要从个人独立负责转向团队协作落地时，说明过去的业务落地模式发生了很大变化。从个体到团队协作的转变，改变了从目标到执行，再到最后结果评估的整条链路上的每一个关键节点。个人独立负责一项业务，业务达成的目标由个体进行设计，落地执行方案也由这个人负责设计，执行过程中的任何变化调整都在这个人身上发生，直至最后拿到结果，不论好坏皆由一人承担；而当一项业务需要团队完成时，哪怕这个团队只有两三个人，在目标设计阶段也需要两三个人进行讨论以达成共识，并对落地执行进行分工，执行过程出现的任何变化，影响的一定是团队内的所有人，并且需要共同做出回应和调整，最终的执行结果也需要对所有人的投入和产出进行评估，一定会分出高低和好坏。只要业务协同模式发生变化，比如从个体转化为团队，就一定要对合作方式、执行流程、评估标准等关键点进行共识讨论，这种共识讨论就可以通过共创会来完成。

业务发展阶段

接下来看看业务发展阶段。什么样的业务发展阶段需要共创？一种情况是业务处在创新阶段，另一种情况是业务处于转型阶段。不论是创新阶段的业务，还是转型阶段的业务，都有一个共同特点，那就是都要从 0 到 1 去探索，这一点和新业务开展相同，对所有人来说都是未知数。这时可以通过共创来明确业务目标并达成共识，同时帮助团队拿到好的结果。

总体来说，从业务类型看，不管是新业务还是复杂业务，可以通过共创来探讨业务目标；从业务发展阶段看，对原有业务的创新和现有业务的转型，都可以通过共创来谋求新的发展方向和机会。对于适用共创的各种场景我们必须有深刻了解，否则容易陷入误区，产生错误的依赖思想，寄希望于利用共创来解决所有问题。

设计并落地共创会

前面介绍了什么是共创，以及共创适用的场景，那么到底应该如何设计共创、如何落地实施一次共创会？接下来介绍共创会的设计和实操流程。

共创会的核心可以用一句话总结，那就是"两个主体、3 个阶段、6 个问题"。两个主体分别是个体和团队。3 个阶段分别是：解析客户需求、共识业务目标、推进团队行动。6 个问题分别是：在解析客户需求阶段思考我（个体）想要的是什么？我们（团队）对现状的共识是什么？在共识业务目标阶段思考我想做的是什么？我们共同的目标和动力是什么？在推进团队行动阶段思考我真正要做的是什么？我们需要协同合作和承担什么？如果用一幅图把共创会的核心要素串起来，理解起来则相对容易。

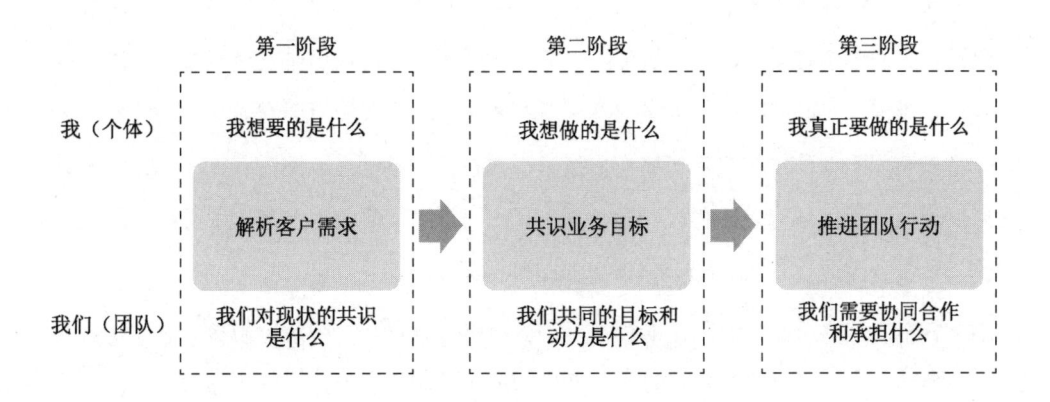

	第一阶段	第二阶段	第三阶段
我（个体）	我想要的是什么 解析客户需求	我想做的是什么 共识业务目标	我真正要做的是什么 推进团队行动
我们（团队）	我们对现状的共识是什么	我们共同的目标和动力是什么	我们需要协同合作和承担什么

共创会依靠群体智慧解决未知问题，群体智慧的产生必须建立在团队中每个个体贡献智慧的基础之上。共创会的两个主体回答 WHO 的问题，即由谁来做。如果团队中的每个人不能在共创的各个阶段发挥价值，那么共创会就是无本之源，变成少数几个人表现的舞台或者团队领导的"个人秀"。强调团队则回归了共创的本质，无论是新业务从 0 到 1，还是老业务的创新、转型，抑或是开展复杂业务，都需要更多的协同方加入，都应依靠团队协作的力量才能拿到预期结果。综上可知，共创会必须始终围绕个体（我）和团队（我们）这两个主体来展开讨论。

解析客户需求

共创会的 3 个阶段回答 WHAT 的问题，即做什么。共创会的第一个阶段是解析客户需求，解析即理解、分析，程度由浅入深。一个企业存在的价值就是满足客户的需求，实现客户的价值。如果不能解决客户的需求，企业就失去了存在的价值和意义。

客户需求分为 3 个层次：显性需求、潜在需求和隐性需求。绝大多数企业都可以实现对客户显性需求的满足，客户需要什么就提供什么，这一点没什么难度。少数企业可以在满足客户显性需求的基础上，不断挖掘客户的潜在需求并满足客户，让客户的黏性更高。极少数企业是在客户还不知道自己需要什么的时候，创造出新的需求来吸引客户的。

早年支付宝就是一款针对淘宝用户的支付工具，大家在淘宝购物，使用支付宝可以高效、安全地支付费用。这一时期支付宝满足的是客户的显性需求。随着支付宝不断创新，老百姓通过支付宝 App 几分钟内就可以搞定自家水、电、煤缴费而不用去银行柜台排队，这时支付宝满足的是客户的潜在需求，也是在这时支付宝才真正发展成为一款国民级 App 应用。在功能性手机盛行的年代，乔布斯带着集通信、娱乐、办公等诸多功能于一体的苹果手机横空出世，正式拉开了移动互联网时代的序幕，让世人见识到原来手机还可以这样设计和使用。乔布斯带领苹果公司发掘出了客户的隐性需求，苹果也因此逐步成长为全球顶尖的高科技创新公司。

解析客户需求阶段有两个落地执行的管理动作，此时开始进入具体的 HOW 层面，即怎么做。第一个管理动作是将参与共创的成员分组，对客户进行需求访谈，第二个管理动作是所有人对通过访谈收集的客户需求信息进行对焦，形成共识。通过访谈和共识，让每个个体既可以站在自身角色的基础上看到自己所在的岗位可以为解决客户需求和问题做些什么，也可以站在整个团队的角度更加全面地看到整个团队的不同职能应该在满足客户需求上共同付诸何种行动，团队视角可以帮助个体弥补自身视角的局限。一般情况下，分组访谈需要一到两周的时间，而对客户需求信息形成共识可以设计一天左右，根据复杂程度不同，可适当调整安排的时间。

共识业务目标

企业存在的价值就是解决客户的需求、实现客户的价值。通过对客户的需求进行充分的感知、分析和对焦后，对如何开展新业务或者进行业务创新、业务转型就有了明确的指引方向和目标，此时就进入了共创的第二个阶段：共识业务目标。对企业而言，业务目标就是企业为满足客户需求、实现客户价值形成的共同的目标，并根据企业整体目标分解出各个职能团队的子目标，以及实现这些子目标的策略和路径。

针对共识业务目标阶段的产出，团队应该推导出"我们共同的动力和目标是什么"。共同目标是指如何实现客户需求、如何衡量目标是否达成及效果、实现目标的策略和路径；个体应该推导出"我要做的是什么"，一是我做的事要能为满足客户需求做出贡献，二是我做的事要为整个团队的总目标服务，不能脱离团队整体目标。

业务目标共识有3个管理动作。一是举行目标共识会议，在阿里巴巴，这种目标共识会议一般会采取"业务三板斧"的形式进行，即通过分组，由各个小组进行汇报，并由评委对汇报结果进行打分。经过多轮打磨，最终得到最有效的整体解决方案；二是邀请内外部专家甚至客户加入，内外部专家可以从专业视角对产出结果提出建议，而客户的加入则是企业客户意识、实现客户价值最直接的体现；三是借鉴外部竞争对手或者相似业务及项目的经验，不论是成功的经验还是失败的教训。

推进团队行动

当团队的整体目标对焦清楚，明确了实现的策略和路径，确认了团队中各成员的子目标及目标实现的标准，并在评估效果等方面达成共识后，就进入了共创的第三个阶段，即推进团队行动。想要实现所有这些目标并拿到结果，必须有实打实的具体行动做支撑，必须推动整个团队拿出详尽的行动方案，否则前面所有的努力都会化为泡影。

基于团队整体目标和个人目标，团队中每个个体的可为之处就是个体的行动计划。团队中不同角色的个体有自己的资源和行动计划，对团队其他角色个体会有协同的诉求，这就是在团队行动计划中需要体现的：我有什么、我能为你做什么；你有什么、你能为我做什么。

推进团队行动这个阶段的管理动作，一般不会独立设计，而是结合第二阶段的目标共识会议一起设计。在目标共识会中，仅讨论共识目标是不够的，还需要有完成目标的策略、方法、具体的行动计划，以及需要的协同支持，只有这些内容全部明确才是一个完整的共创解决方案。

下图是一张更完整的业务共创会设计图，它整合了共创会的两个主体、3个阶段、6个问题，以及不同共创会阶段的管理动作和时间安排。依据这张结构设计图，相信初学者可以基本掌握共创会的框架设计和实操技巧，想要熟练运用共创则需要更多的练习。

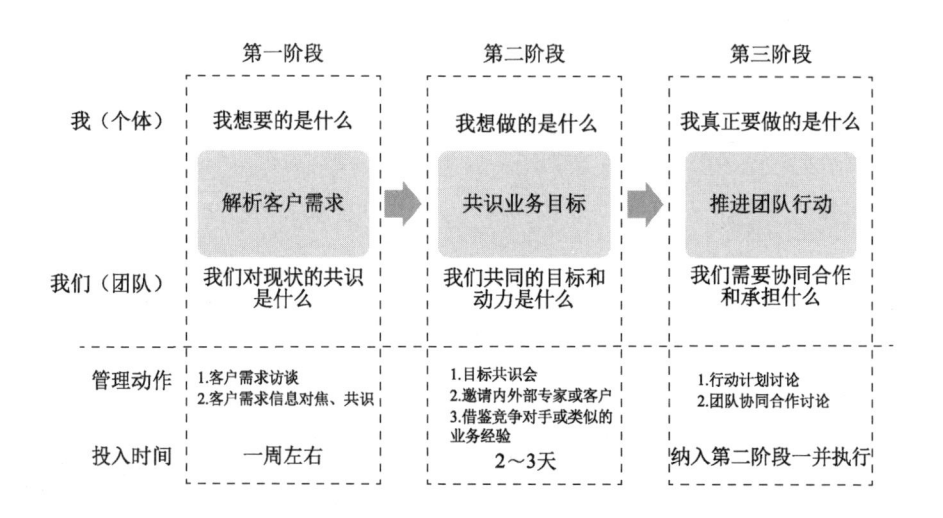

	第一阶段	第二阶段	第三阶段
我（个体）	我想要的是什么 解析客户需求	我想做的是什么 共识业务目标	我真正要做的是什么 推进团队行动
我们（团队）	我们对现状的共识是什么	我们共同的目标和动力是什么	我们需要协同合作和承担什么
管理动作	1.客户需求访谈 2.客户需求信息对焦、共识	1.目标共识会 2.邀请内外部专家或客户 3.借鉴竞争对手或类似的业务经验	1.行动计划讨论 2.团队协同合作讨论
投入时间	一周左右	2~3天	纳入第二阶段一并执行

下面通过一个实际案例来演练如何设计并落地一次业务共创会。

背景：LZ 是国内知名的在线教育公司，于 2017 年成立，早年依托知名高校教育资源深耕成人继续教育领域，目前主营业务是为企业提供员工学习平台及线上学习课程，聚焦为企业提供整体人才培养解决方案，其核心竞争力是多年积累的人才培养内容体系，这些内容主要来自高校知名教授及行业大咖的授课和分享。

需求：2022 年年底，新冠疫情接近尾声，由于大部分企业客户遭遇困难而缩减预算，导致整个在线教育行业"哀鸿遍野"，因此很多业内头部公司纷纷收缩战线甚至裁员过冬。LZ 逆流而上，不仅保住了头部地位，甚至 2022 年度销售业绩较上年实现增长。公司的愿景是服务千万中小企业，但是疫情之后真正能够拿出预算为企业内部人才培养买单的是那些大型的国企、业内头部大企业，中小企业已经不再是 LZ 的主要客户群体。公司管理层看好疫情结束后未来几年企业线下人才培养这一前景，坚信中大型企业客户将加大人才培养投入。整个 LZ 公司的定位、战略方向、产品服务等都面临较大的调整。因此，LZ 创始人希望通过共创会的形式，梳理出公司未来 3 年的企业定位、战略方向、产品服务及内部管理如何配套优化等共识。

共创会方案设计

首先，参加共创会的人员由公司所有部门负责人、副职及指定的一名核心员工代表共同构成，分成 3 个小组。其次，按照解析客户需求、共识业务目标、推进团队行动 3 个阶段来执行。3 个小组用 1 周时间进行客户调研；召开一次需求共识会，3 个小组分别汇报调研结果；对焦客户需求后，再用 1 周时间，各小组准备第一轮目标共识会；根据第一轮目标共识会的结论，商讨是否安排第二轮目标共识会；根据目标共识的内容制定 2024 年企业经营目标、业务策略分解、组织及人才方案设计、KPI 目标设定。

共创会实施

1. 解析客户需求阶段

以销售、渠道和客户 3 个利润中心部门为主导，联合内容、产品研究、市场和人力等职能部门，将各部门参会人员打散，分别编入 3 个不同的小组。在 2022 年度重点客户名录中选取一定数量的客户，由 3 个小组分别认领带回。各小组按照各自的客户名单，围绕收集客户需求痛点、接下来的人才培养规划、对 LZ 的产品和服务的需求建议等方面，进行客户需求信息收集、整理和分析，并形成分析报告。一周之后，召开客户需求对焦会，在对焦会上各小组汇报结果，同时其他小组提问，对客户的痛点、2023 年的培训需求进行讨论，形成共识。在这次共识会上，主持人除了推进会议流程，引发大家思考、讨论，还要推动各小组讨论以下几个问题。

（1）在对客户需求进行调研前，每个部门、每个人 2023 年的工作目标和计划是什么？

（2）在对客户需求进行调研后，2023 年的工作目标和计划有没有变化？如果有变化，是什么？为什么会有这样的变化？如果没有变化，原因是什么？

（3）结合调研内容，对行业、竞争对手、客户、公司和自己所在的团队，有什么新的思考和认识？

通过对这几个问题的思考和讨论，让所有参加共创会的人加深对"客户需求和客户价值"的思考，避免大家"坐而论道"。

2. 共识业务目标阶段

共创会小组成员自行安排计划，预计召开两三次目标共识会，每次会议主题明确。第一次共识会，主题聚焦在"公司定位、未来的发展方向"上，围绕这一目标进行讨论并共识出清晰的结论。因为外部市场环境、客户需求都在发生变化，如果不随之调整公司的定位，后面的所有努力都可能偏离方向，不能真正解决客户的问题。第二次共识会，主题聚焦在"公司定位和未来发展方向"，明确为实现这一目标需要公司具备什么样的组织能力。当确定业务目标之后，需要明确整个公司的组织建设目标。最后，视第二次共识会的结论是否足够清晰，决定是否召开第三次共识会。

第一次业务目标共识会用时一天，主持人通过主题引导，以各小组上台发言、其他小组点评（好的、有待明确的、对我有启发的等维度）、创始团队观点补充的方式循环进行。第一次目标共识会大家要达成以下几点共识。

（1）公司的愿景"服务千万中小企业"保持不变，现阶段为了保持 LZ 自身的发展，将紧紧围绕大 B 企业客户的需求和痛点，因为它们具备足够的预算和支付能力，最终还是要服务广大中小企业。

（2）公司的战略执行四部曲保持不变，当下企业处在第一阶段，将定位从"打造企业数字化学习平台"调整为"企业人才培养优质内容及创新解决方案服务商"，更加贴合大 B 企业的人才培养需求。

（3）明确公司 2023 年度业绩指标。

有了这 3 点共识，公司未来几年的前进方向就不会跑偏，也将更加聚焦。第一次共识会接近尾声时，小组中来自内容部门解决方案岗位的一名核心员工提出一条建议：是否把国内外主要竞争对手的调研纳入议题，并作为公司今后每年制定新年业务规划和组织能力建设的会议常规议题。他的出发点是，公司的发展不能仅局限在自己身上，必须要看看同行在做什么、是怎么做的，而且要跳出地域限制，除了看国内的竞争对手，还要把目光放在全球，看看世界上其他先进的同行企业，他们的发展阶段、产品服务的发展历程。这条建议得到所有人的一致好评并被采纳，同时被纳入第三阶段推动团队行动时进行展示和讨论。这个小插曲是意外但也不意外，也是共创会的魅力所在。

第二次目标共识会主题清晰，围绕第一次共识会产出的结果，进一步明确为了实现新的目标应该具备什么样的组织能力，以及需要从哪些方面入手。因为这次的主题比较具体和细化，因此这次共识会用时比第一次长，各个小组"谈兴正浓"，不知不觉中会议多开了一个晚上。

在此次共识会议过程中，主持人不断引导现场的每一个人站在自己岗位的角度、站在整个部门的角度、站在整个公司的角度等 3 个不同的角度，结合第一阶段调研获取的客户痛点和需求，思考真正做些什么可以解决客户问题，实现客户价值。先由每个小组内部的每个人充分发言，然后小组讨论，再形成有共识的结论性内容上台分享，同样经过其他小组点评和创始团队观点补充两个环节，充分碰撞出思想火花。第二次目标共识会产出以下几点共识和结论。

（1）根据"人才培养创新方案服务商"的定位，公司需要提升针对大 B 企业客户的需求提供解决方案的能力。

（2）销售团队现有人员能力不足以支持大 B 企业的订单，必须提升销售团队人员针对大客户的销售能力，包括需求沟通、方案设计和商务谈判等。

（3）成功的团队负责老客户的续约及新业务的拓展，但也需要转型。

（4）需要重新梳理、升级针对大 B 企业客户的课程开发、师资引入。

（5）现有的学习平台功能偏向通用和标准产品，应加强对大 B 企业客户个性化需求的定制能力和产品开发。

两场会议下来，顺利达成预期目标，所有参加共创会的人达成共识。一是明确公司未来几年的发展方向，二是基于未来的发展当下公司应该在组织能力上做什么样的积累和准备。

会后，大家带着两项作业回去准备进入共创的第三个阶段。作业一，完成国内外竞争对手的研究分析；作业二，各部门结合公司的发展目标、2023 年业绩指标，分解各自部门的业务策略并转化为年度 KPI。

3. 推进团队行动阶段

原先被打散分组的成员重新按照部门组合，团队行动主要包括：以部门为单位制定年度业务策略、分解公司业绩指标和形成年度 KPI。为了提升效率，完成竞争对手研究分析报告后提前分发到各部门参考学习。推进团队行动阶段的产出，以几个部门的业务策略和提升组织能力的具体内容为例，展示如下。

（1）销售部门将提升大客户销售作为核心业务策略，升级原先的直营团队，成立大客户销售团队，主攻核心大 B 企业客户。在人员招聘上，从招聘销售经理转而招聘大客户经理。

（2）内容中心成立二级部门解决方案部，联合销售人员专门服务大客户解决方案的设计和完善，增加销售部门竞标成功的砝码，提升公司服务大 B 企业客户为其提供解决方案的能力。同时内容中心将对现有的课程体系进行升级，匹配大 B 企业客户，将更符合大 B 企业客户需求的高端师资库的建设作为 2023 年的重点工作。

（3）产品研究部门优化产品从需求提交到功能开发、测试、上线的链路，为大客户的需求定制提供"绿色通道"，大大提升了需求响应速度。同时，产品研究部门开始参加销售、内容等部门的工作例会，收集外部客户、内部上下游合作方的需求，并规划联合销售部门一同外出拜访客户、参与讲标，更加积极主动地收集市场和客户对产品的需求。

各部门整合业绩指标分解、业务策略、部门 KPI，面向参会所有人汇报，接受其他部门的问询和建议，同时找到彼此之间可以协同的场景，既能够为实现本部门业务目标找到"外援"，也可以让自己成为其他部门寻求合作的协同合作伙伴和资源。我有什么、我能为你做什么、你有什么、你能为我做什么，回答好这 4 个问题基本上可以解决部门之间的协同问题。

汇报和互动持续了 3 轮，每轮 2～3 小时，第一轮持续时间稍长，后面两轮有了一定的基础，所以进行得比较顺利，一般 2～3 小时便可以完成。公司年度目标、业务策略及分解后的各部门的目标、实现目标的业务策略、KPI 内容出来之后，以汇报 PPT 的形式在公司年会上传递给全体员工，让所有人清晰了解公司未来的发展方向和路径、各部门的目标和实现方式。到此，LZ 公司的业务共创会全部完成，整个共创持续一个月左右。

共创会复盘

回头看，这次共创本质上是 LZ 公司在面临外部市场环境剧烈变化时及时响应，并做好业务转型以适应这种变化。而公司尚未经历过此类业务转型，因此，共创可以很好地帮助公司解决其在转型期共识新的业务方向和目标、业务策略与行动方案。

（1）做得好的地方。首先，包括创始团队在内的核心管理团队，在意识到外部市场变化带来的挑战时，第一时间找到外部资源，帮助公司快速调整并迅速聚焦新的业务发展方向，这种敏锐度和果敢是共创发生的前提条件。其次是创始团队的开放和包容，在整个过程中，创始团队始终保持一种包容的心态，即便有人提出非常尖锐的观点，也能够保持平和，充分讨论和互动。与此同时，几位创始人虽然已经有一些想法和思考，但并未"先入为主"，而是开放地接受来自不同部门、不同角色的想法和建议，这也是共创取得好效果的条件。

（2）有待提升的地方。应该将对内外部竞争对手的研究分析前置，可以放在共识业务阶段前期进行，以对业务方向、业务策略产生更加积极的影响。同时，在多轮次的汇报、互动讨论中，可以加入更多的"竞赛"元素。每个人都希望赢，每个部门也都希望自己的部门可以更胜一筹，让现场氛围更加紧张、刺激。

（3）值得借鉴的地方。在常规的年度业务规划、策略制定和目标分解这几项工作中，可以借鉴共创会第二阶段和第三阶段的管理动作进行设计。

以上这个业务共创案例，它的 3 个阶段实际上已经覆盖了战略执行四部曲中的前 3 个步骤，我用了一个完整的业务共创小闭环帮助 LZ 公司的 2023 年度规划开了个头。

总体而言，要想设计并落地执行成功的业务共创需要具备多个关键要素。

首先，在共创过程中，需要始终关注企业的客户需求。因为客户是企业存在的根本原因。如果忽略客户的需求和痛点，就很容易陷入无意义的讨论，偏离共同解决问题、满足客户需求的目标。

其次，作为管理者，在共创会开始之前应进行必要的思考并有自己的一些想法，在会议中以包容、开放的心态去倾听不同的声音。管理者的开放程度对共创会的成功至关重要。

最后，共创会的主持人或引导师需要发挥关键作用。他们需要不断地引导大家，完成从个体到群体，从"我"到"我们"这两种不同角色的转换，在共创的不同阶段聚焦需要解决的问题并拿到结果。如果没有主持人或引导师的专业引导，共创会容易偏离主题，过分关注个体感受或过于关注团队目标而忽视个人目标，诸如此类的问题一旦出现并堆积在一起，就会导致整个共创会无法达成共识并取得关键成果。

第四章 成长阶段的企业管理体系建设

第三节 KPI 通晒

前面介绍了战略执行四部曲中的第一步战略生成阶段，即如何通过业务共创对未知的新业务、业务转型或创新期的业务方向进行探索，最终在企业内部达成一致共识并付诸实施。战略执行四部曲中的第二步战略规划阶段包括共识业务和组织大图、KPI 通晒和全员宣贯 3 个管理动作，本书介绍第二项管理动作：KPI 通晒。

KPI 通晒是一种通俗的讲法。KPI（Key Performance Indicator）指的是关键绩效指标，是目标管理最常用的一种考核评价工具。最近几年，目标与关键成果（Objectives and Key Results，OKR）法比较流行，很多互联网大厂都在推广使用，各行各业也有诸多企业纷纷效仿。OKR 这套目标管理和考核体系，设计之初就公开目标了，所以采用 OKR 法进行绩效考核和目标管理的企业不提通晒。国内大多数企业在用 KPI 进行绩效考核，最早使用 OKR 的字节跳动去年也宣布将 OKR 的目标对焦周期从 3 个月调整为半年。由此可见，在实际落地运用时 OKR 的挑战不小。

在和服务过的很多中小型企业谈及绩效考核体系设计时，我仍旧推荐使用 KPI 考核方法。阿里巴巴在 KPI 绩效考核上有许多创新运用场景和项目，本人有幸参与其中。基于我在阿里巴巴快速成长阶段的经历，在这里我沿用了"KPI 通晒"的说法来概括企业绩效考核方式，以及企业战略目标落地过程中各个部门彼此之间的绩效目标共识。

本节主要解决两个问题：一是为什么做 KPI 通晒；二是怎么做 KPI 通晒。

为什么做 KPI 通晒

在回答这个问题之前，我们不妨换个角度，以终为始来思考，即如果不做 KPI 通晒会出现什么问题？企业经过创业阶段之后会步入成长阶段，同时企业规模开始扩大，并开始逐步建立和完善管理体系及制度，组织内部各个职能部门分工越来越明确，部门边界也逐渐明显，随之产生协同难的问题。企业发展得越好，组织架构越复杂，合作难的问题便会越明显。人大多是趋利避害的，部门站位不同，思考问题的角度就会不同。只要所有人的方向相同、目标一致，彼此间相互扶持，协同合作就不成问题，部门墙、协同难等一系列问题便迎刃而解。

KPI 通晒是战略规划阶段十分重要的一个环节，它也是实现企业内部相互协同非常有效的一种工具。前面讲过，企业内部绩效考核具有非常明确的管理导向，绩效目标考核什么，员工就会朝着什么方向努力。因此，事先对绩效考核目标达成共识，便可以为各团队今后的合作打下良好的基础。否则，一定会出现相互扯皮的情况。

KPI 通晒是企业进行经营管理的重要工具，是解决组织内部协同难问题的有效途径，但并非唯一，并不是说做 KPI 通晒就可以彻底解决协同难的问题。协同涉及组织架构设计问题、流程问题及管理制度问题，也与一家企业的文化有关。

怎么做 KPI 通晒

KPI 通晒是指在团队内部、企业内部公开团队的目标是什么、为什么这么设置、有什么样的风险、如果出现问题有什么样的预案，以及在实现自己的目标的过程中需要什么样的支持，并对这些信息达成共识。沟通好这些问题，后面的扯皮自然就会变少，工作效率也会更高。KPI 通晒分为 3 个阶段，即前期准备、现场通晒及阶段复盘，我把它称为"KPI 通晒三部曲"。

KPI通晒三部曲

前期准备 → 现场通晒 → 阶段复盘

第一部曲：前期准备

"凡事预则立，不预则废。"因此，不能一上来就把公司所有人拉过来讲 KPI 是什么、自己准备怎么做，这样只会起到反作用。要做 KPI 通晒，必须事先精心设计、准备充分。前期准备阶段需要做 3 件事。

1. 第 1 件事

确保进行 KPI 通晒的前提条件，即业务的目标非常明确或者这个业务发展是相对稳定的。当业务目标不明确、业务发展不稳定时，不要做 KPI 通晒，因为还没有确定共同目标和发展方向并达成共识。如果非要做 KPI 通晒，那么现场一定是 A 团队说往东走，B 团队说往西走，抑或是甲说今年的目标是 1000 万，乙说要做 3000 万，KPI 通晒就会演变成互相吵架的现场。

2. 第 2 件事

统一汇报模板。很多人会问："为什么要统一汇报模板？为什么汇报 PPT 都要按照公司规定的结构和问题大纲来写？"因为在一家企业内，不同的职能部门的定位、职责、目标不同，各部门人员的思维逻辑、表达方式都存在较大的差异，如果不做统一规范，那么大家就会按照自己的喜好来组织汇报材料，在内容完整程度、逻辑缜密程度上必将有差别，这就会给 KPI 通晒造成不必要的困扰。因此，与其现场"对焦、纠偏"，不如事先做好约定。统一汇报模板最大的价值在于让所有人在同一个语言体系下、在同一个维度上去思考和对话。如何统一汇报模板，这里列举 8 个核心要点，所有人的 KPI 通晒都必须围绕这 8 个要点问题展开。

（1）部门目标：整个部门的目标是什么？这个目标和公司的整体目标有什么关联？

（2）团队目标：部门中各个下辖团队的目标是什么？这些团队目标和整个部门目

标的关联是什么？

（3）关键的成功要素：实现部门和团队目标，关键的成功点有哪些？

（4）开展工作的计划：为实现目标，具体的工作计划和具体步骤是什么？有哪些重要的里程碑节点？

（5）所需资源支持：完成这些目标需要哪些资源的支持？

（6）人员分工及KPI：站在部门角度，团队人员如何分工？对应的KPI有哪些？

（7）团队协同说明：要完成部门目标，公司内的其他部门需要如何支持？部门内部如何分工协作？

（8）风险预测和预案：实现目标可能遇到的风险有哪些？应对风险的措施有哪些？

3. 第3件事

在做KPI通晒前要在部门内部达成共识。在一次KPI通晒会上，我曾经遇到一位部门管理者按照公司的模板准备了PPT材料并上台汇报。我发现一个很有意思的现象，在这名部门负责人做汇报时，其部门人员听得异常认真，一边听一边做笔记。在互动提问环节，当公司负责技术的总裁问他材料中一个产品的细节问题时，这名部门负责人扭头看向自己的一名下属，示意他来回答这个问题，结果这名下属根本答不上来，因为他事先根本没有任何准备，弄得现场尴尬不已。

出现这种情况就是因为在做KPI通晒前部门内部没有事先沟通达成共识。做KPI通晒需要自下而上逐层通晒、逐层汇总。团队中的每个人汇报后，汇总成团队的KPI通晒材料；部门中的每个团队汇报后，汇总成部门KPI通晒材料；最终在公司层面在所有部门和管理层面前汇报，通晒自己部门的KPI。因此，但凡做KPI通晒汇报，一定要在向上汇报前在内部事先达成共识，只有达成共识之后在现场做大范围通晒的时候才能心中有数。

第二部曲：现场通晒

前期准备完成后，便可以组织实施现场通晒。对于现场通晒有以下几点注意事项。

第一，汇报现场的座位安排。座位安排、区域设置也是有一定的小技巧的。考虑到团队内部人员坐在一起更便于相互交流，一个大部门坐在一个区域更方便沟通、讨论。因此，布置 KPI 通晒会议现场时一个团队的人坐在一起，一个部门的各个团队坐在同一个区域。

第二，汇报顺序。凡事都有主要矛盾、次要矛盾。企业经营目标的达成，主要依靠的是销售、运营等业务部门，而产品、技术、市场等都是支持业务部门完成公司业绩的部门，财务、人力、法务等则更加偏向后台职能支持。因此，汇报顺序建议先业务再职能。例如，先由销售、运营部门汇报，然后由产品、技术部门汇报，最后由人力、财务、法务等部门汇报。毕竟业务部门汇报和呈现出来的结果，与公司整体目标达成关联度最直接，影响也最大。

第三，KPI 通晒流程设计。现场 KPI 通晒有 4 个步骤。

（1）部门汇报。一般由部门的负责人汇报，或者指派一名代表代为汇报。

（2）其他小组讨论。一个部门汇报完成后，现场其他部门所在小组根据汇报的内容进行讨论，要求组内每个人轮流发言，充分发挥每个人的思考力。

（3）小组反馈。各小组将组内每个人的发言内容整理汇总成一致的意见反馈给汇报的部门，汇报部门指定专人记录反馈内容。各小组的反馈可以围绕以下几个问题展开。

① 我们认为比较好的是什么？

② 我们觉得值得学习借鉴的是什么？

③ 我们有些不明白的是什么？

④ 我们的建议是什么？

⑤ 我们可以给予支持的是什么？

好的地方要表达欣赏，给予肯定；值得学习借鉴的内容可以让自己有所收获，帮助自己的团队进步；不明白的地方需要对方继续解惑，解释明白；建议则是指站在本部门的角度指出的待提升点；可以给予的支持体现的是协同精神，相互支持，相互合作。

（4）公司管理层反馈。各小组将自己讨论的意见反馈给汇报部门后，公司的管理层需要站在公司的角度，结合其他部门反馈的内容对汇报部门做点评，给出指导意见。很多公司在进行 KPI 通晒时，会邀请外部的专家、行业大拿甚至是客户一同参加。在这个环节中，公司管理层反馈后，所邀请的外部嘉宾一并对汇报的内容进行点评和建议。

对公司管理层和外部嘉宾的点评和建议，也可以围绕以下几个维度展开。

① 肯定其他小组高质量的反馈内容点。

② 围绕汇报内容中目标之间的关联提问：个人与团队、团队与部门、部门与公司目标之间的关联关系，强化解决客户需求和痛点，实现客户价值。

③ 确保目标完成的 KSI（关键成功要素）真的能起到作用。

④ 团队协同是否站在公司的大局思考，而不是站在自己部门的角度。

第三部曲：阶段复盘

现场 KPI 通晒结束后便进入具体的目标、任务落地执行阶段。目标、任务落地执行一段时间后，需要进行阶段性的复盘总结，以发现问题，及时纠正。在复盘内容上，要根据实际发生的一些情况做相应的内容设计。比如，某项任务目标的进展如何？中间遇到哪些问题？后续相应的应对办法是什么？

对于复盘的时间点，根据目标任务的重要或紧急程度，一般一季度或半年做一次复盘。当遇到内、外部环境发生较大变化，导致既定业务发生变化时，可以根据需要即时展开复盘，重新规划设计。

以上就是设计、实施 KPI 通晒的全部内容。要想做好 KPI 通晒，也有几个关键成功要素（KSI）。第一，在总结的过程中，一定要营造开放的氛围，让团队、部门之间彼此能够充分沟通，将困惑释放出来，只有这样才能够形成足够的合力；第二，建议邀请外部嘉宾参与，可以加入不同的视角；第三，在流程设计中适当加入竞争的元素。如果预算允许，可以设计奖品，对于点评和反馈数量多、内容好的小组，可以给予相应的奖励，鼓励其更积极地参与。

第四章　成长阶段的企业管理体系建设

第四节　组织及人才盘点

2022年7月，我带着女儿去参加环青海湖骑行，5天骑行350千米左右。这次活动是由北京的一家户外公司策划和组织的。为了确保这次骑行活动得以圆满完成，领队跟我们讲，他们提前两个月对全程路线进行了踩点，把骑行路线、队员食宿全部事先安排好。而且他们提前联系了一家当地的车行准备好骑行专用自行车，同时预备了一台可以装载物资和自行车，还能够坐人的保障车辆全程跟随。如果有人中途骑不动，便可以坐到车上去。最后，他们还安排了一名当地的专业自行车骑手做本次骑行车队的领骑手，全程领骑。这一系列准备工作都是为保障这次骑行活动能够安全、顺畅进行而做的各种措施。

"兵马未动，粮草先行。"古今中外，历朝历代，无数次战役都在演绎着这句话，也佐证了充足的"粮草"对战争的重要程度。现代社会中人们听得比较多的关于"保障"一词，应该是在体育赛事中。各种"赛事保障"是确保体育比赛得以顺利举行的前提条件，没有赛事保障部门的辛勤付出，恐怕人们看不到各种精彩的体育比赛。对企业而言，组织能力、人才储备是企业实现经营目标的"粮草"和"赛事保障"。进行组织和人才盘点，是企业确保"冲锋陷阵"的保障措施，足以支撑企业达到既定的经营目标。一家公司要完成自己的业务目标，必须提供各种各样的保障措施。下面以阿里巴巴为例,介绍阿里巴巴在飞速发展的 10 年间,它的保障措施是如何演变和发展的。

阿里巴巴的组织和人才盘点演变历史

2012—2013 年,伴随着淘宝业务的迅速崛起,阿里巴巴在电商领域飞速发展,组织规模迅速扩大。这两年,在阿里巴巴所有的业务年度总结会上,由总裁汇报业务,组织和人才盘点使用内部自研的"盘点系统",在组织维度,需要提交组织架构、每个架构节点的一号位及后备等一系列信息。同时,对于职级在 M3P8 及以上的管理岗、专业岗上的人才,还需要进行关键人才盘点,盘点的维度包括绩效、能力、潜力、发展趋势和稀缺性等。

2015—2017 年,电商业务稳步发展,阿里巴巴便将业务总裁会固定下来对各个业务线进行年度总结和盘点。组织和人才盘点弃用了原先的线上盘点系统,采用组织和人才盘点报告的形式,由集团组织发展部门撰写,提交至总裁在会上汇报讨论。这个报告包括上一年度整个集团的人才选育用留情况,以及各种组织健康度的诊断分析,报告主要以数据的形式呈现事实和结果,交给集团最高决策层辅助他们做组织方面的决策。

2018—2023 年,以电商为主营业务的各个业务板块各自发展,并开始实行总裁责任制,组织和人才盘点便被纳入总裁述职报告。由集团统筹安排各业务板块的总裁述职。

在这 10 年里,不论组织和人才盘点的形式怎么变化,始终围绕着业务、组织和人才这 3 个维度展开,这便回到了前面章节讲述的组织诊断和组织能力提升三角模型上,因此,可以说三角模型是阿里巴巴组织发展体系的底层逻辑。现在我和不同的企业沟通时,不论是人力资源体系的建设、完善,还是在业务侧做业务规划、总结、复盘,我都会使用这个模型,也会把这个模型推荐给企业管理层,希望他们把这个模型的思想融入自己的日常管理中,不断使用,不断磨合。

本节回答了 3 个问题：为什么做、做什么及怎么做。

对盘点的理解和认知源于我的小学时代。20 世纪七八十年代，在我国，供销社盛行。供销社有点像现在的小百货商场或中型规模的超市。我所在中心小学对面就是乡里唯一的供销社，每周三下午，供销社不营业，学校就安排很多学生过去帮着打扫卫生。因为不用上课，所以被安排去供销社搞卫生的同学就很开心，很乐意跑去干活。供销社之所以周三下午不营业，是因为他们要在每周三下午做盘点，具体的工作就是清点柜台及仓库里的商品，查验库存和现货，确保各种单据信息准确，明确要进货的种类和数量。大学毕业后，我从事人力资源工作，知道了人才盘点的说法，那时候外企用得多，英文为 Talent Review。人才盘点的概念最早由美国通用电气（GE）公司提出和实施，后来逐步成为风靡全球的人力资源项目。外企的人力资源体系发展得更早且相对完善，因此对人才的甄别、培养和发展有成熟的体系支撑，企业会定期盘点自己的人才状态。后来，我进入阿里巴巴，在组织发展（OD）岗位工作多年，从而对组织盘点、人才盘点有了更加全面和深刻的认知。

组织及人才盘点解决的问题

由北森人才管理研究院出版的《人才盘点：完全应用手册》一书提到，人才盘点的本质是"避免人才失控"。一家企业无法掌控自身的人才信息称作"人才失控"，而避免人才失控最直接的方法就是让人才盘点成为固定的业务流程。

企业通过对组织的人才战略、文化土壤和机制，以及核心人才的识别、任用和发展等内容的梳理及复盘总结，使得公司人才战略、人力投入和人才储备能够有效保障业务的快速推进。组织及人才盘点不是目的，也不是"终点"，而是手段，是企业达成经营目标的一项保障措施。

盘点解决的核心问题包括以下几个方面。

（1）组织与业务战略的匹配性。

（2）文化土壤是否符合业务特性。

(3)发现企业的高潜人才。

(4)管理者的继任计划。

(5)关键岗位、关键人才的培养发展计划。

盘点解决的问题,与企业所处的行业、发展阶段直接相关。从上面的几个问题来看,带有明显的互联网公司痕迹,阿里巴巴在高速发展阶段,就是通过盘点来解决这些核心问题的。不同行业的企业,不同发展阶段的企业,可以根据自身的实际情况来设定盘点要解决的问题。盘点要解决的问题可以是阶段性的,解决当下阶段的问题后,到了下一阶段完全可以调整企业需要解决问题的方向和内容。

组织及人才盘点的结构和内容

下面介绍两种不同的盘点内容:一种是以组织诊断和组织能力提升三角模型为底层逻辑,设计的组织和人才盘点;另一种是更具有互联网特色,阿里巴巴高速发展时期组织和人才盘点的框架结构与内容。

通用型组织及人才盘点

组织诊断和组织能力提升三角模型包括业务、组织和人才3个维度。其中,业务维度可细分为战略、策略和目标,这部分内容由业务总裁或者业务线负责人在高层管理会上进行复盘和总结,不再赘述。下面主要围绕组织和人才两个维度展开。组织维度包括架构、机制和文化,人才维度包括领导力、梯队和发展。接下来从这几个方面入手,介绍到底应该怎样去做盘点并进行相应的优化。

组织盘点	盘点内容
架构	1. 架构及职能设计是否符合实现客户价值的业务流程 2. 架构是否能支撑业务发展、分工协作,能否适应快速变化 3. 能否为重点战役、项目提供组织保障
机制	推动业务拿到结果的流程、制度是否健全和匹配,如绩效考核、奖惩、项目复盘、人才选育用留等

续表

组织盘点	盘点内容
文化	1. 当下的公司文化土壤是否有助于开展业务、推进项目 2. 文化氛围营造应该从哪里入手 3. 小团队的子文化是否遵循公司文化的大框架

组织盘点

组织盘点首先要看的就是企业的组织架构。组织架构处在企业"战略—流程—架构—职责—岗位"这一落地实施路径图中的重要衔接环节。处于成长阶段的企业，商业模式稳定，销售逐步稳固，市场份额扩大，获得了市场认可。因此，首先要检验组织架构及内部流程设计是不是真的可以解决客户的需求和痛点问题，实现客户价值，并为企业的快速扩张提供支持。如果没有，那么这样的组织架构设计就是有问题的。例如，企业产品的售前、售后有没有相应的支持团队跟进，提供相应的服务支持？在客户遇到问题的时候，企业的技术、产品团队能不能够及时地去响应并解决？在流程和组织架构设计上，必须为企业的整体经营目标提供相应的保障，包括分工协作、快速响应需求，为重点项目或业务攻坚战提供组织保障。

在机制建设方面，企业健全的流程、制度是推动业务获取成果的关键，例如绩效考核制度、人才选育用留制度，以及项目复盘等流程和制度。很多成长阶段的企业，忙于发展业务规模而忽视了自身各种机制、流程、制度的建设和完善，就像孩子在小学、初中正是长身体的阶段，如果没有很好地进行身体锻炼，只顾着成天坐在那里看书、做题，就很容易导致近视、身体素质差等一系列不良后果。因此，成长阶段的企业，是否建立、健全自身支持业务发展的各种机制、流程和制度是组织盘点的重要内容之一。

除此之外，文化建设也是组织盘点的重要内容。公司的文化土壤必须服务于业务，有助于业务和项目的推进。例如，销售型公司需要营造狼性文化，而对客户服务要求较高的企业则更需要强化"客户第一"的文化。快速成长阶段的企业在企业文化上经常会遇到一个共性问题，就是公司有明确的文化价值观，员工却感知不强。出现这个问题最关键的原因，就是文化"很虚"，没有通过很"实在"的机制、制度落到实处。

例如，公司提倡狼性文化，则可以通过绩效考核机制，把狼性文化的各种要求纳入绩效考核，比如规定个人业绩超额完成一定的比例，设置更高比例的绩效得分和奖金基础，只有通过实打实的规则、机制落实，文化才能在员工心中生根发芽并发挥应有的作用。最后，在企业成长发展的不同阶段，业务模式、组织规模和面临的问题都不尽相同，因此不同阶段提倡营造不同的文化以烘托组织氛围，但企业的"魂"、文化的"DNA"保持不变。

以上是进行组织盘点的 3 个维度：架构、机制和文化。盘点即组织诊断，找到问题后企业便可以"对症下药"，弥补其中的不足。

人才盘点

人才盘点需要从领导力、梯队和发展这 3 个视角进行评估。"领导力"这个词大家都不陌生，领导力模型针对的就是不同企业对内部管理者在管理岗位必备的能力要求、成就动机、文化价值观要求等。2019 年，我研究了国内外几十家知名企业，发现一个共性问题，那就是这些企业的领导力模型都是非常完善和成熟的，正是得益于完善的领导力培养体系，这些企业的优秀管理者人才辈出。任何一家企业的管理者都是非常核心的，这群人决定了企业经营目标的设计、落地和最终的结果。如果管理者队伍的水平不行，那么这家企业的发展一定会遇到非常大的阻碍。

人才盘点	盘点内容
领导力	1. 管理者是否具备清晰且可衡量的能力标准 2. 现有管理团队的能力水平是否可以支撑公司向前发展 3. 管理者能力欠缺的培养和补齐，有无可落地执行的方案
梯队	1. 每一层组织的管理一号位是否有后备梯队 2. 后备梯队的准备程度如何，是否有第一、二、三多层梯队 3. 后备梯队人群是否已有相对应的培养计划 4. 除管理岗外，关键的专业岗位核心人才是否有储备 5. 年度关键战役、项目的负责人是否胜任，怎么培养后备
发展	1. 员工是否有清晰的发展通道（专业&管理、纵向&横向） 2. 不同的发展通道内成长发展的标准是否明确 3. 关键岗位有哪些？关键岗位的核心人才在哪里？怎么培养和保留？

企业内部领导力盘点从 3 点出发。第一，要明确企业内是否有清晰且可衡量的关于管理者所在管理岗位的要求和标准；第二，通过这个要求和标准，对现有的管理团队进行全方位的评估，了解他们真实的能力；第三，评估之后，当管理者的能力出现不足时，企业应有相应的培训和提升计划，以及可落地执行的方案。

对于企业内部的人才梯队建设，首先要明确每一层组织架构节点上的管理者都应当有相应的后备梯队作为支撑。那么，这个梯队的准备程度如何评估呢？最简单、直接的办法就是用可以上岗就任的时间长短来衡量。比如，企业内部现在就有一名可以随时接替一号位的人选，这就是最佳的后备梯队准备。除了这种随时可以上岗的后备梯队，还需要考虑在不同的时间段进行储备，例如三个月、半年或一年以上，以形成第一梯队、第二梯队甚至第三梯队。同时，企业还应该对这些后备梯队培养计划是否完整进行评估，了解他们是否有相应的培训和发展方案，绝不能只是给这群人打个"标签"，认定他们是后备梯队就结束，必须找出这群人，培养他们，历练他们，让他们时刻准备着。

在梯队人才盘点中，除了管理序列岗位，专业序列岗位同样需要有相应的梯队人才培养计划，如技术、产品岗位的核心关键人才。核心的专业岗位的人才能力是否匹配，以及他们的能力提升点和培训方案是什么，这些都需要一并纳入梯队人才盘点。如果企业的业务运营是通过项目制进行的，那么企业年度的关键战役和项目的负责人，也应考虑是否有合适的梯队储备人才。

在人才发展方面，成长阶段的企业应着手清晰地定义员工的成长发展通道，否则因企业快速发展给员工带来巨大的压力后，员工个人在职位、级别上得不到提升，很容易选择离开这家企业。

通常情况下，员工发展通道有管理发展通道和专业发展通道两种类型。员工可以选择走管理路线，也可以选择走专业成长路线。除各通道内的纵向发展外，从员工发展机制的全面性考虑，还要有管理和专业两种发展通道"互通"的设计。即一个专业序列的人发展到一定级别，不论是公司需要还是员工个人诉求，需要向管理序列跨越时，应该具备这样横向发展的通道设计。

同时，也要考虑员工不同发展阶段的岗位胜任标准是否明确。例如，从主管晋升到经理，从经理晋升到总监，他们在能力和岗位胜任要求上是否已经达到相应的标准？是否有对应的能力素质模型可以参考和借鉴使用？

最后，关键岗位的关键人才在哪里？如何培养？这些都是人才发展维度需要考虑的问题。

进行完整的人才盘点，需要从领导力、梯队和发展这3个维度进行相应的评估和规划。这些组织和人才盘点工具的使用，可以帮助企业不断地输送相应的人才，并在识别出缺失的能力后制定相应的能力提升项目，从而辅助业务目标的达成。

互联网企业的组织及人才盘点

阿里巴巴作为一家互联网企业，在业务高速发展时期对组织能力和人才队伍建设的要求很高，在重要时间节点，如年度总结和新业务规划、业务转型调整等场景中，进行组织及人才盘点是必须执行的"标准动作"。公司完成组织及人才盘点，做到对当下组织的能力、团队和人才储备情况心中有数，以便根据组织和人才的准备情况进行相应业务目标和落地执行计划的规划和设计，具体盘点内容如下表所示。

组织盘点分析表

盘点维度	盘点内容
业务布局	1. 业务目标是什么？ 2. 业务大图到目标、策略（实现路径）是否落地？核心抓手是什么？ 3. 如何评估？KPI是什么？
关键组织决策反思	1. 组织架构：做了哪些调整？有何经验？对未来组织架构的挑战是什么？ 2. 资源投入：新增或调整了什么业务模块？组织的保障资源是如何投入的？ 3. 人才结构：目前的人才结构和去年相比有何变化？与实现业务目标还有什么差距？ 4. 政策、制度和文化建设：做了哪些？为什么这么做？对组织双向反馈（满意度）结果有哪些发现？
未来组织布局	组织架构、资源投入、人才结构、政策制度和文化方面有何计划？

人才盘点分析表

盘点维度	盘点内容	内容说明
岗位核心能力	能力模型	总监（M4P9）及以上使用"六项核心能力模型"进行能力评估； 其他岗位使用 Job Model（岗位能力模型）进行能力评估； 能力评估分为员工自评和主管评估
竞争力	稀缺性、离职风险、影响力、英语能力、发展趋势、适配度	稀缺性：高、中、低； 离职风险：高、中、低； 影响力：部门、事业部、公司层； 英语能力：当导游、自助游、跟团游； 发展趋势：向上、平稳、向下； 适配度：适配、不适配
综合潜力	明日之星、高、中、低	按照 361 的正态分布比例，明日之星和高潜合集占 30%； 同一层级打通排序
发展意愿/建议	提名晋升、扩大岗位职责、轮岗； 原岗位维持现状； 转岗、职责缩小、降级、限期改进、劝退辞退	员工填写发展意愿，主管根据员工意愿和管理判断提交发展建议
总体描述	个性特点； 适合从事的业务类型和阶段； 适合的业务搭档类型； 过去的工作变化及其表现（发现）	主管对员工的个人总体评价

围绕组织盘点分析表和人才盘点分析表这两个表格中的要点内容，阿里巴巴在快速发展的几年时间里，每每遇到新业务开拓、老业务转型等重要节点，都能以足够强大的组织能力和充盈的人才队伍作为业务目标实现的保障。

阿里巴巴基于组织和人才盘点延伸出的各种人才培养计划，诸如对一线管理人员和中层管理人员的培养，着实下足了功夫，为业务的飞速发展源源不断地提供精兵强将。曾几何时，用良将如潮、兵多将广来形容阿里巴巴的管理干部队伍毫不为过。若千年过去，当下再回看阿里巴巴当年的组织及人才队伍的辉煌，不禁让人感叹。

组织及人才盘点项目管理

将组织和人才盘点作为企业日常经营管理的常规动作来看待，就有必要进行项目化管理和运营。设计和运营一个组织及人才盘点项目可以分为以下 6 步。

1. 明确盘点目标

多数企业会在进行年度总结和新年规划时启动组织和人才盘点，也有企业在年度的人才晋升前先做人才盘点，甚至有的企业为了在年底淘汰部分人员会组织一次盘点。凡事谋定而后动，先明确为什么做盘点，才能有针对性地设计方案并取得好结果，最怕目标不明确、不聚焦。

2. 制订盘点方案

根据盘点的目的和要实现的最终目标设计盘点方案，主要涵盖：盘点目标、盘点内容、盘点工具（产品 or 表单）、盘点流程、时间安排、资源支持和项目组构成等。

3. 方案对焦共识

根据盘点目标和内容不同，设计的方案也不同。如果盘点只需管理者操作，则应从上至下沟通至最前线的管理者；如果盘点还需要员工进行自我评估，则应当设计两套不同的沟通版本，一个是管理者沟通版本，一个是员工沟通版本。不同的对象，不同的版本，内容侧重点和沟通方式均有所不同。前期沟通对焦越充分，盘点执行就会越顺畅，遇到的阻力就越小。

4. 实施执行盘点

有条件的企业可以开发使用线上系统或 App 进行盘点并沉淀数据，没有条件的企业可以使用线下表单来进行盘点。

5. 汇总呈现结果

不论是线上系统还是线下表单，都要对收集到的信息、数据进行加工、汇总和分析,并形成盘点报告,向管理层汇报。

6. 项目总结复盘

项目负责人对盘点项目进行总结复盘,对做得好的、有待提升的不同内容进行汇总,沉淀为企业内部知识管理体系的内容。除此之外,还可以对项目表现优秀的成员进行奖项评选,激励项目组成员。

撰写高质量组织及人才盘点报告

中欧商学院杨国安教授曾这样定义企业成功:企业成功=战略×组织能力,而企业的组织能力用三角模型来表示就是:员工愿不愿、能不能和企业给不给。

下面借用杨国安三角模型的指导思想来分析企业组织及人才盘点。首先,并非所有发展到成长阶段的企业管理者都能意识到组织及人才盘点的价值,以及它在企业经营目标落地过程中所发挥的作用,即便是走到成熟阶段的企业,也没有在盘点上投入足够的资源。很多企业管理者并不愿意在组织和人才盘点上下功夫,他们常挂在嘴边的一句话便是:"做这些有什么用?有这时间和精力,还不如出去跑跑市场、见见客户。"其次,即便企业管理者意识到盘点的重要性,企业和公司人力资源部能否给予科学的方法和工具,高效完成盘点项目,这方面的能力也是个未知数。

因此,很多企业的常见做法是由人力资源部牵头,以年度或半年度为周期,用组织及人才盘点分析报告的形式来呈现组织及人才队伍状况,供业务侧的管理者参考。业务侧的管理者则负责做业务规划。2015—2017年,我带领项目组负责编写阿里巴巴集团的组织和人才盘点报告,下面我用这几年编写报告的实操经验为大家总结一些方法,帮助企业人力资源部撰写出一份合格的组织及人才盘点报告,同时也可以帮助企业的管理者打开思路,从业务发展和团队管理的视角来审视组织及人才盘点报告的有效性。

一份高质量的组织及人才盘点报告应该有数据、有观点、有建议,具备以下几个特征。

- 报告内容完整。报告框架结构分为两个模块：常规盘点分析和专题盘点分析。常规盘点分析包括组织和人才队伍的现状、演变趋势；专题盘点分析包括关键岗位和人才的现状、当下业务发展阶段的组织诊断分析、管理层关注的专题分析。

- 报告以客观、真实的数据为基础。盘点报告本质上是用数据展示对组织进行诊断分析的结果，没有数据做支撑，只谈感觉的盘点报告没有任何参考价值。同时，盘点报告对数据的真实性、客观性要求很高，企业的人力资源部掌握着企业内部关于组织和人才最完整的数据，对数据的统计、加工和分析能力要求极高。

- 报告要看"动态"数据而非"静态"数据。人们经常说"数据没有对错"，在特定的管理场景中，只有横向比较才会有"高低"之分。例如，看企业的离职率，不能单点看一年的离职率，最少要看过去 3 年的数据。通过分析连续几年的离职率变化，总结出现高低差异的原因是什么。如果提出更高的要求，除了看企业连续几年的离职率，还要看行业离职率的平均水平、竞争对手的离职率水平，通过对比找到自身存在的优、劣势，做得好继续保持，做得不好想办法改进提升。

- 报告要有数据，更要有"观点"和"建议"。好的组织及人才盘点报告，绝不是各种数据的堆砌。人力资源部作为企业重要的职能部门，必须对数据背后的原因进行深入分析，根据数据"提出问题"，通过汇报、对话"分析问题"，最终通过推动管理行动落地来"解决问题"。通过组织及人才盘点报告，与公司管理层及业务管理者达成问题共识，并付诸改善行动，最终帮助企业更好地完成经营目标，这才是盘点的终极目标。

整理编写组织及人才盘点分析报告，可以从两个方面入手：一是常规盘点分析，二是专题盘点分析。常规盘点分析看组织、人才的整体状况，体现组织的健康度和人才队伍的完备程度；专题盘点分析则重点关注影响企业经营管理和最终的业务结果的"人"和"事"。

常规盘点分析

内容一：在职人员分析

对在职人员进行分析，可以帮助企业看清组织人员现状，通过不同口径的统计分析来观察企业组织的健康程度。

1. 公司整体

分析公司整体在职人数，可以看不同时间总人数的变化趋势，如下图所示。

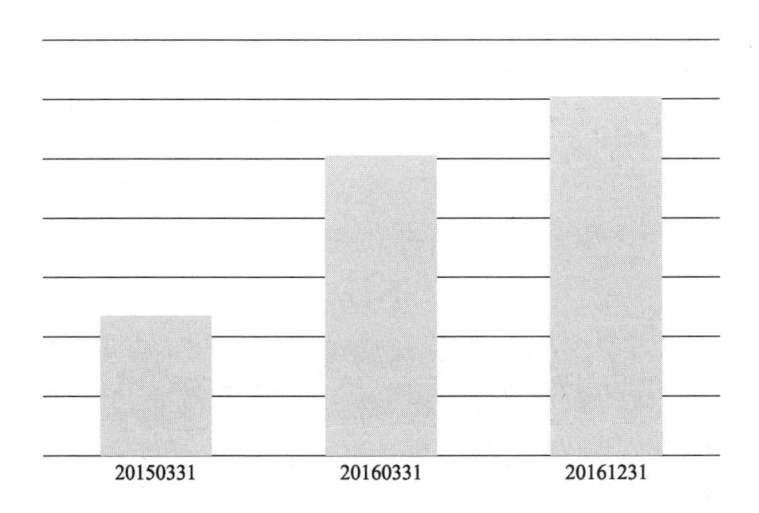

根据每一年相同时间节点的公司在职总人数，分析"同比"变化，在呈现数据的同时要分析并总结出现人数变化趋势的原因。例如：企业的总人数增长，主要是因为业务规模扩大带来的团队人数增加。如果是大型集团公司，人员增长另一种可能的原因就是并购了新公司。如果人数减少，同样要分析原因，例如：裁撤某项业务导致人数减少。不论是人员增加还是人员减少，报告中应该将组织架构中人员增加最多的部门进行排序并呈现，分析这几个部门人员增加的合理性。如果存在不合理之处，提出改善建议。这样呈现给管理层和业务管理者的分析才是完整的。

2. 各部门分布

分析各部门人员数量分布，是对公司在职人员分布数据的"下探"。根据需要，可以呈现架构中一级部门的在职人员分布,也可以再往下细化,下图展示的是一级部门在职人员分布。

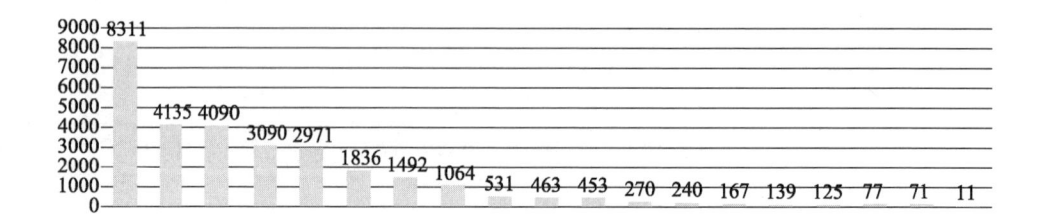

[图:一级部门在职人员分布柱状图,数值依次为 8311、4135、4090、3090、2971、1836、1492、1064、531、463、453、270、240、167、139、125、77、71、11]

在展示部门在职人员分布情况时,大多按照人数从多到少降序的方式呈现,也可按照不同的盘点分析和呈现要求重新设定排序规则,如按照业务部门、职能部门分类呈现。

3. 人员构成

(1)岗位分布。

企业的人员构成,首先看其岗位分布情况。一家企业的商业模式和核心竞争力可以通过不同岗位的人员分布"一探究竟",如下图所示。

[图:岗位分布柱状图,2015年5月底与2016年5月底对比]

岗位	2015年5月底	2016年5月底
技术	36.3%	37.0%
运营/市场/BD	19.3%	18.8%
销售类	16.3%	15.0%
客服	9.5%	9.8%
其他	7.0%	7.7%
产品	4.3%	4.5%
人财法	3.9%	3.8%
UED	3.4%	3.4%

从上图中可以看出,这家企业技术岗位的人员占比最大,足见这是一家以技术驱动业务的企业,同时与市场运营相关的岗位人数占比也较高,说明这家企业重视产品运营和销售。看各岗位人员分布同样要看同比水平,需要连续观测多个周期。如果看

单一时间点的岗位构成,建议使用饼状图;如果看多个时间点的趋势图,则应使用柱状图。只要企业的业务在向好发展,组织规模在扩张,那么核心岗位的人员比例应该是"水涨船高"的,否则就属于异常,在报告中应及时给予预警。

除了看岗位的分布比例,还可以从"不同岗位人员数量比例"这一视角来分析企业内部各职能部门和岗位人员数量的配比是否合理。例如:2015年,公司技术岗和市场运营岗在职人数比为1:0.5,表示每两个技术岗位在职人员,会有一个市场运营岗在职人员与之匹配合作,对拿到业务结果的流程、效率是比较合理的配比。如果2016年两个岗位的人员配比变成了1:0.8,就需要分析市场运营岗位在职人员数量增加的原因,从而帮助业务侧的管理人员更好地对团队和人员做出管理决策。

(2)层级分布。

很多公司按照层级(或者叫职级)对人员进行分层,不同的层级有不同的能力要求、工作内容、绩效产出等。企业人员的层级分布比例同样要看同比水平,如下图所示。

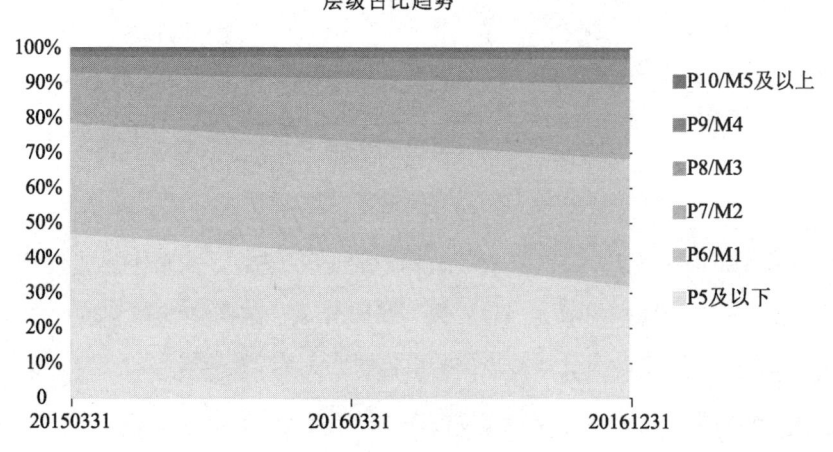

层级占比趋势

报告中应对不同时间节点不同层级的人员比例变化做出说明,并分析原因。如:低层级人员占比同比逐年下降,高层级人员占比稳步提升,说明企业人员结构发生了变化。出现这种变化背后的原因是企业人才战略发生了变化：从过去依靠较低层级的一线技术、运营等岗位的人工投入，逐步转为依靠技术升级、产品智能化迭代来释放人力。

有些管理体系成熟或要求较高的企业，会通过层级分布来观测"人才结构"，这时可以用另一种表达方式，即"人才结构水滴图"，如下图所示。

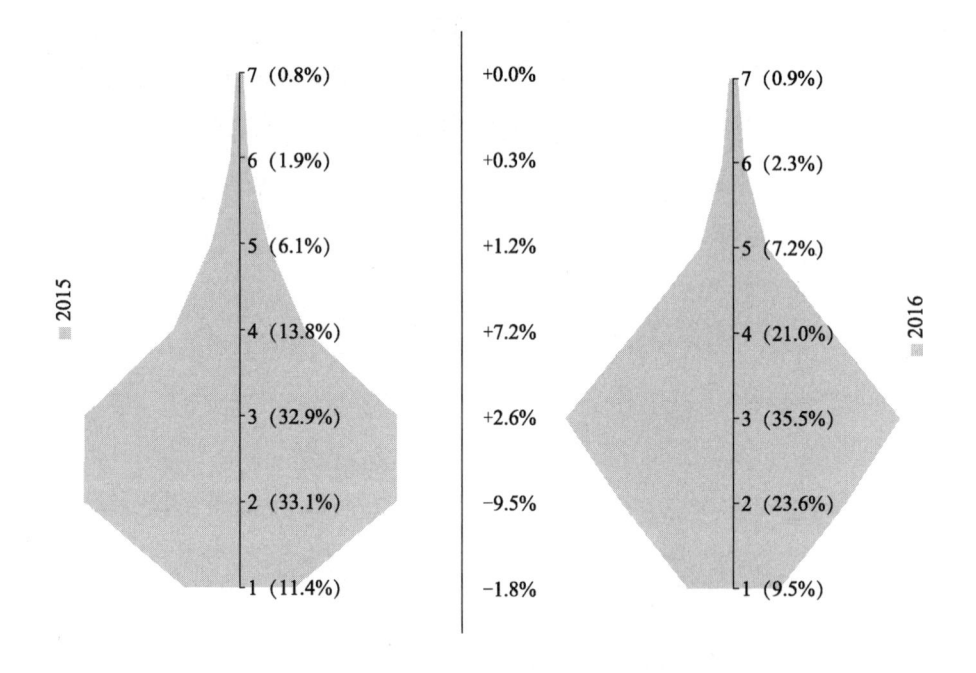

```
2015                                                           2016
7 (0.8%)              +0.0%              7 (0.9%)
6 (1.9%)              +0.3%              6 (2.3%)
5 (6.1%)              +1.2%              5 (7.2%)
4 (13.8%)             +7.2%              4 (21.0%)
3 (32.9%)             +2.6%              3 (35.5%)
2 (33.1%)             -9.5%              2 (23.6%)
1 (11.4%)             -1.8%              1 (9.5%)
```

使用人才结构水滴图，可以使企业在不同时间节点内部人员在不同层级上的占比变化更加形象。如上图中的示例，这家企业2016年人才结构较2015年在"腰部瘦身明显"，人力资源部应该对其瘦身原因给出说明。人才结构变化没有"好坏之分"，只有"适合与否"，适合企业发展需要的人才结构才是好的人才结构。

有了人员的岗位和层级两种分布统计口径，盘点分析报告可以围绕这两个口径进行交叉分析，理论上任何两种统计分析口径都可以进行交叉分析。例如：呈现技术岗位所有人员的层级分布，根据历年的数据查看技术岗位的人才结构变化，分析产生这种变化背后的原因，如下图所示。

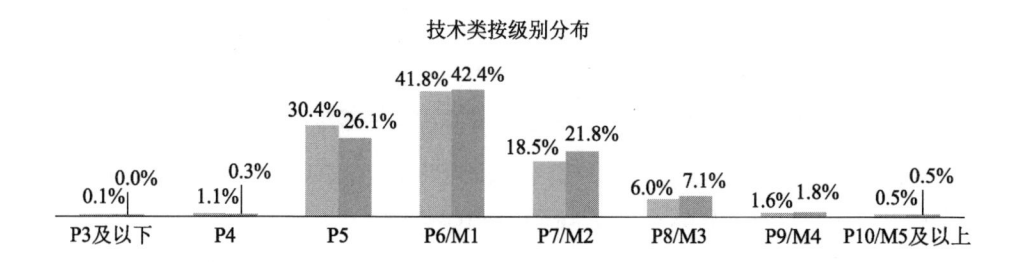

技术类按级别分布

级别	比例1	比例2
P3及以下	0.1%	0.0%
P4	1.1%	0.3%
P5	30.4%	26.1%
P6/M1	41.8%	42.4%
P7/M2	18.5%	21.8%
P8/M3	6.0%	7.1%
P9/M4	1.6%	1.8%
P10/M5及以上	0.5%	0.5%

（3）司龄分布。

司龄表示员工在企业待的时间，从入职第一天开始计算。一般情况下，司龄统计会根据企业成立时间长短进行分类。例如：一家成立5年的企业，司龄用"<1年，1~2年，2~3年，3年以上"等区间统计，其中<1年表示"新人"，3年以上表示"老人"。企业成立时间越久，司龄统计的区间越宽。例如：成立10年的企业，司龄用"<1年，1~3年，3~5年，5~8年，8年以上"等区间统计，以此类推。企业人员的司龄分布同样要看历年同比，如下图所示。

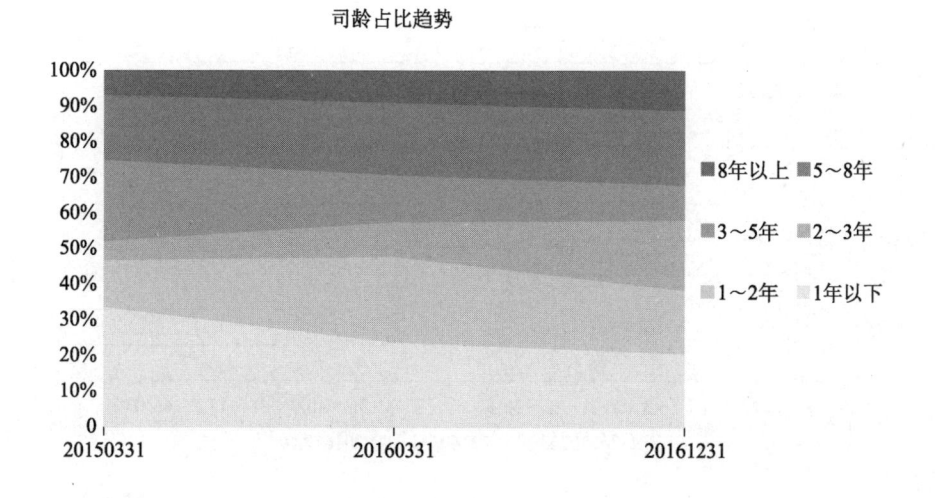

司龄占比趋势

（图例：8年以上、5~8年、3~5年、2~3年、1~2年、1年以下；横轴：20150331、20160331、20161231）

围绕司龄，还可以进行多种维度的盘点分析。

- 跨部门交叉分析，看各部门人员的司龄数据。部门司龄高代表"稳定"，部门司龄低代表相对"不稳定"。请大家谨记，数据没有绝对的对与错。稳定不一定是好事，不稳定也不一定是坏事。例如：企业处在业务转型阶段，司龄高的稳定团队很可能成为转型的掣肘，不断进新人的运营部门可能会给公司注入新思想和活力，帮助企业快速转型。
- 与岗位、层级进行交叉分析，看不同岗位、层级人员的新老情况，也可以体现不同岗位、层级的人员稳定情况，根据实际需求进行人员的引入和淘汰替换。
- 特殊群体的司龄分析，如中层管理干部的司龄，结合他们在岗时间长短，可以反映出这个群体的成熟度、成长快慢等。

（4）年龄分布。

对于企业在职人员的年龄分布，一般用年龄段来进行分类归总：25岁以下，26～30岁，31～40岁，41～50岁，51岁以上，如下图所示。还有一种统计口径仅今年比较时髦，即：60后、70后、80后、90后、00后，管理者可以根据自己的需要选择分类方式。同样，通过分析年龄分布可以判断企业人员结构的科学性和合理性，是否和企业的人才策略相匹配。

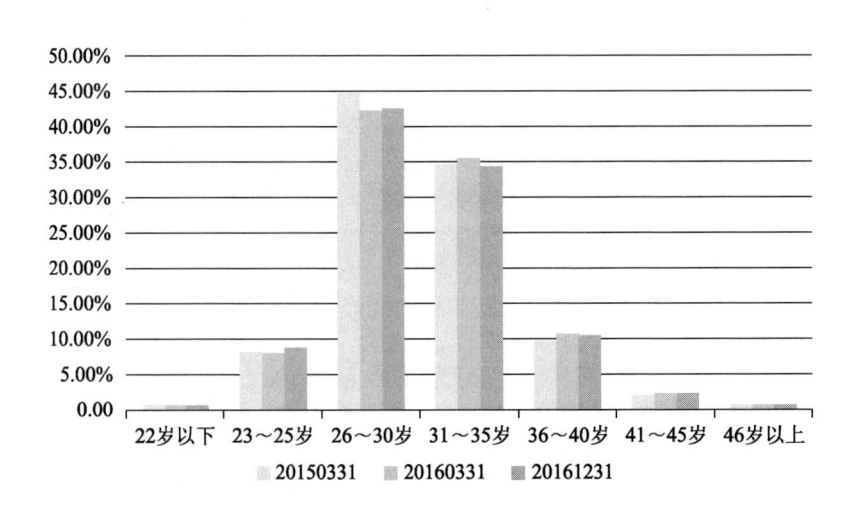

人才年轻化，确保组织年轻有活力，是很多企业追求的目标。在对企业在职人员年龄分布进行分析时，应采用"平均年龄"这个参考值进行对比分析。企业的平均年龄，即企业所有在职人员年龄的平均值。整个企业的平均年龄值可以作为一个"标尺"，用来衡量不同部门、岗位、层级的平均年龄，评估其是否符合企业的人才年轻化标准。

（5）学历、男女比例、星座、血型等。

学历分布可以体现企业的整体人才素质水平，尤其是在高科技行业及以技术研发为主的企业。学历一般按照大专、本科、硕士、博士这几种方式进行区分统计，用饼状图呈现。学历可以和部门、岗位、层级等其他统计口径交叉，方便管理者进行不同维度的对比分析。

男女比例是常规的企业在职人员统计分析口径。除了企业整体的男女比例分布，还可以视需要将其和部门、岗位、层级等进行交叉分析。星座及血型分析则是比较轻松的统计分析口径，带有些许娱乐成分，也有一些企业的创始人或者管理者比较看中星座和血型。因此在盘点分析报告中，可以选择性使用这两种统计分析口径，如下图所示。

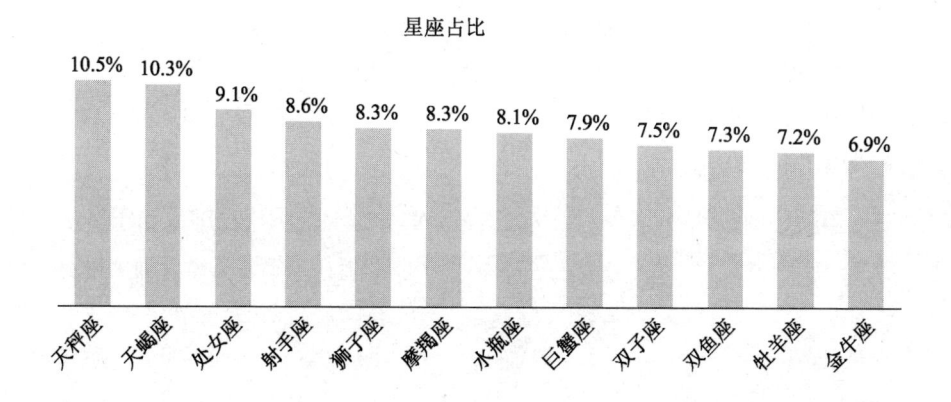

星座占比

天秤座	10.5%
天蝎座	10.3%
处女座	9.1%
射手座	8.6%
狮子座	8.3%
摩羯座	8.3%
水瓶座	8.1%
巨蟹座	7.9%
双子座	7.5%
双鱼座	7.3%
牡羊座	7.2%
金牛座	6.9%

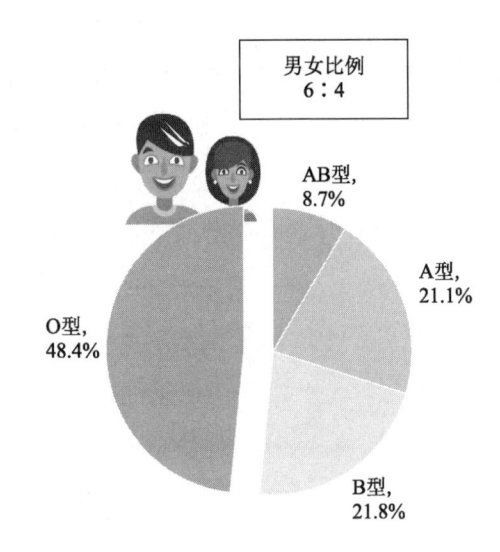

○ 企业生命周期新纪元：组织人才与创新、数字化

男女比例
6∶4

AB型，8.7%
A型，21.1%
B型，21.8%
O型，48.4%

内容二：入离职分析

人员入离职是企业两项重要的"健康指标"。只要企业在发展，必然会带来人员的进出，在进行组织和人才盘点时，必须对人员入职和离职进行深入剖析。

1. 入职情况分析

（1）公司整体入职。

以半年度/年度为周期，分析公司整体入职人员情况，分析入职人数增加或减少的原因。更高质量的盘点分析，应该结合公司整体的"人均效能"数据，如人均销售、人均利润等指标，分析企业人才招聘的合理性、经营管理的效率等问题。

对入职趋势的统计分析，也可以根据企业的管理需要将周期细分到季度甚至月度，通过曲线图展示入职高峰、入职低谷出现的时间点，为企业内部管理提供参考依据，如下图所示。

入职趋势图

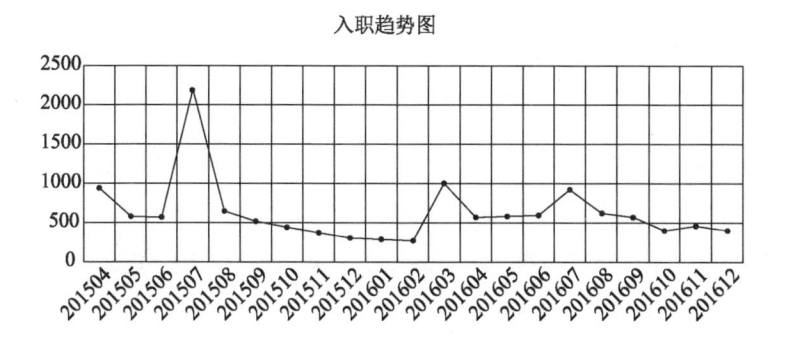

(2) 各部门入职分布。

通过展示各部门的人员入职分布，可以清楚地看到公司的招聘入职"大户"，如下页上图所示。利用各部门的人员入职情况，可以校验入职"大户"所在部门是否和企业重点的资源投入相吻合。查看同一部门人员入职数量的变化趋势，还可以校验这个部门的"投入产出"是否合理，是完全依赖"堆人"的方式实现业务增长，还是在人员投入保持不变甚至人员减少的情况下仍旧实现业绩指标上涨。当然，后一种方式才是企业喜闻乐见的。

(3) 入职人员岗位、层级分布。

入职人员的岗位分布，可以展现企业是不是把资源投入在核心岗位、核心人才的招聘引进上，俗话说"好钢用在刀刃上"，就是这个道理。

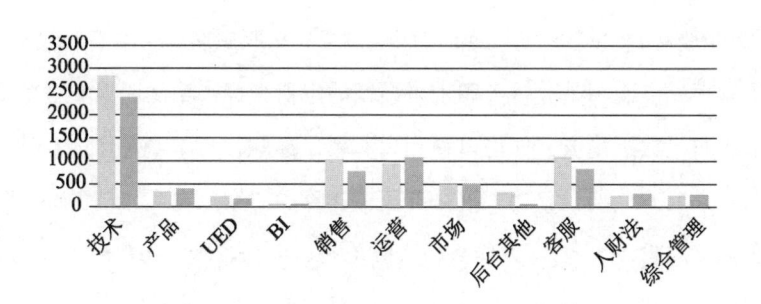

分析入职人员的层级分布和发展趋势，应结合企业的人才结构状况及发展需要来进行。例如：业务转型升级，人才结构升级优化首当其冲，这时新招聘进来的人员应该更偏向高层级人员。如下图所示，相比上年度，本年度低层级的 P5 及以下入职人员减少，M1/P6 及 P7/M2 层级的入职人员增加。通过分析这些数据，可以发现某一层级入职人数的增加或减少，对这种现象也要分析其出现的原因，找到背后的真相。

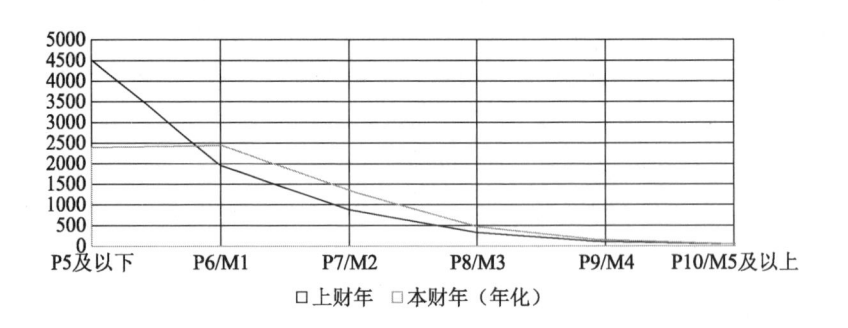

```
5000
4500
4000
3500
3000
2500
2000
1500
1000
 500
   0
     P5及以下    P6/M1    P7/M2    P8/M3    P9/M4    P10/M5及以上
              □ 上财年    □ 本财年（年化）
```

2. 离职情况分析

人员离职情况可以作为一家公司健康度的"负向指标"，越是发展前景好、口碑佳的公司，离职指标会越低。只有一种情况例外，那就是因为某种原因企业主动淘汰导致员工离职。

（1）公司整体离职情况分析。

分析离职要做到"三看"，一看离职率，二看离职原因，三看离职趋势。

☐ 离职率。离职率是分析离职水平高低的定量指标，用离职人数去除期初、期末在职人数平均值，便可以得到离职率。离职率=2×离职人数/（期初人数+期末人数），期初、期末根据离职率计算的周期来定义。例如：计算年度离职率，离职人数=一年之内离职人数总和，期初表示年初那一天的在职人数，期末表示年末那一天的在职人数。计算季度、月度离职率，方法与此类似。除此之外，也可以将离职率与部门、岗位、层级等进行交叉统计，分析各部门离职率、各岗位离职率和各层级离职率。在进行交叉分析时，公司整体的离职率水平可以作为"标尺"和参考值与之相对比，分析出现离职率高或离职率低的原因。以各层级离职率分析为例，观测各层级离职率的趋势和变化，分析产生变化的原因，如下图所示。

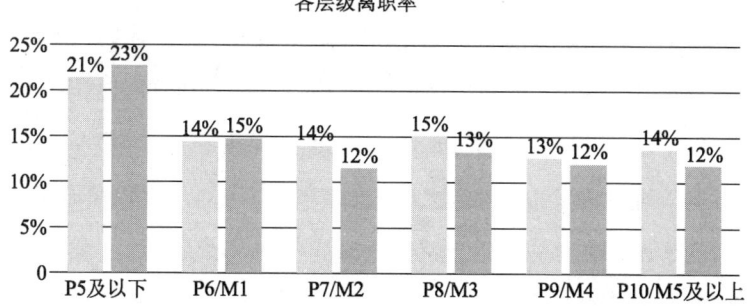

各层级离职率

层级	上财年	本财年
P5及以下	21%	23%
P6/M1	14%	15%
P7/M2	14%	12%
P8/M3	15%	13%
P9/M4	13%	12%
P10/M5及以上	14%	12%

☐ 离职原因。离职原因是分析离职率的定性描述指标，分为员工主动离职和被动离职两大类。被动离职原因包括：合同到期公司不续签、员工被辞退、公司原因带来的重组等；主动离职的原因较多，包括健康原因、个人发展原因、家庭原因、继续深造等，如下图所示。

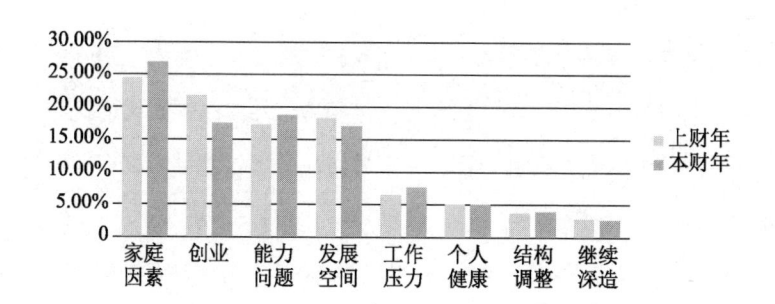

通过上图可以发现，本财年因能力问题、结构调整导致的离职率水平同比上财年有所增加，说明企业自身在进行调整和优化，这是企业发起的主动行为。本财年因创业、发展空间导致的离职率同比上财年有所下降，说明受到政策环境、行业等外部因素影响导致员工主动离职的情况减少。针对这两种分析结果，企业可以采取相应的管理行动，例如：加快企业业务转型升级，优化人才结构，留下更好的人，淘汰不合格的人。

- 离职趋势。看离职趋势更加强调离职率的"相对性"，主要体现在3个方面。一是看自身，今年离职率比去年高，出现这一现象的原因是什么？二是看行业，每个行业的人员流动都有规律，行业的离职率可以作为企业的参考；三是看竞争对手，和竞争对手比较离职率是高还是低，可以学习和借鉴竞争对手的思路和做法。

（2）各部门离职情况分析。

各部门离职率应该与各部门招聘入职情况一起分析，某个部门虽然大量招人，但是离职率居高不下，要分析背后的原因是否正常。有些部门离职率居高不下，可能属于正常现象，如在公司绩效考核制度的要求下，销售团队要求快速出单，否则就予以辞退，"快进快出"是常态。另外，当各部门离职率的同比出现比较大的波动时，要么是该部门的业务和组织架构发生了较大的调整和变化，要么是部门换了新管理者导致人员流动，也需要分析出具体原因并给出相应的管理建议。

（3）闪离情况分析。

闪离，顾名思义，是加入公司后很快就离开，一般将"加入公司一年内离职"定义为闪离。越来越多的公司开始重视人员闪离现象，并在组织和人才盘点中对闪离进行分析，挖掘背后的原因并改进管理。分析闪离情况可以通过闪离率和闪离占比两个指标进行。

- 闪离率：计算方式和离职率相同，闪离率=闪离人数×2/(期初人数+期末人数)。闪离率高，一般有3种原因。第一是招聘的原因，面试官过分"美化"企业，结果候选人加入公司后发现真实情况和当初说的相距甚远，落差大，很快离职，多数在试用期不适应便选择离开；第二是新人到了该部门不适应岗位，俗称"新人无法落地"，这种情况大概率是公司的培训和部门的岗前培训不到位导致的；第三种是候选人自身的原因，例如候选人"骑驴找马"，先找到一个落脚点，发现更好的去处便很快转身离开。还有些候选人受到光晕效应的影响，因为某一阶段公司的光环或者公司中某位牛人、大神的影响而加入公司，很快发现实际情况并不是那么回事，于是选择快速离开。人力资源部可以结合上述几种可能及离职原因来定位公司、各部门出现人员闪离原因，从而更加精准地给出改善建议。

- 闪离占比：是指闪离人数占离职总人数的比例，可以将闪离占比和离职率结合起来分析。如果一个部门的离职率低于公司离职率的平均水平，但该部门的闪离占比却很高，说明该部门在控制人员闪离方面还有提升的空间。

（4）其他离职情况分析维度。

其他离职分析维度包括岗位、层级、年龄、司龄等，大家可以根据实际需要选择使用，如下图所示。

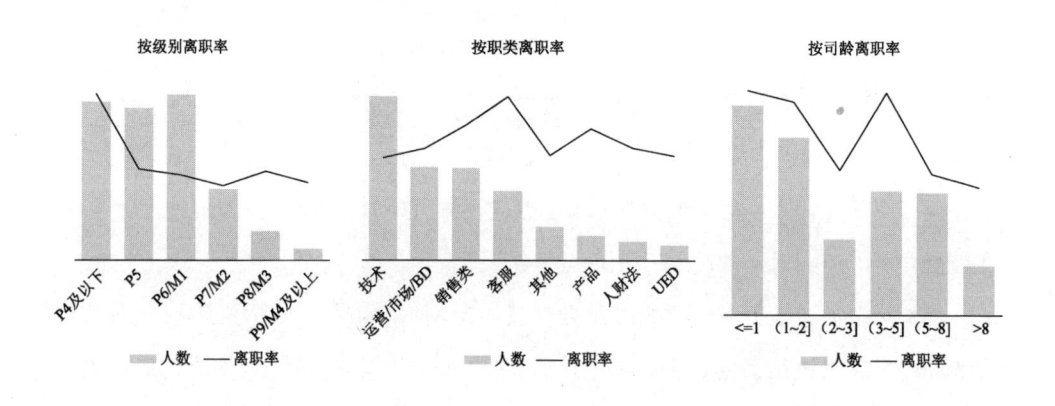

不同分析维度的离职率，要和企业整体的离职率进行对比才具有实际参考意义，同时也应该看趋势，看不同时间段的同比是否发生变化，分析变化背后可能的原因。例如：如果某一层级的离职率同比增长很快，就需要分析这个层级有没有出现过批量

优化。同理，大年龄段的员工离职率水平上浮很高，也有可能跟企业对大龄员工进行优化的管理动作有关。

专题盘点分析

场景一：跟随业务发展节奏的组织分布

成长阶段的企业已经度过了生存期，必须通过扩大市场规模、提升销售额等方式实现快速扩张，原先定位在一个或某几个城市，现在要向更多的城市和地区扩张，在当地开设分公司和分支机构。这时的组织和人才盘点，应该给管理层呈现一张公司组织架构和人员的区域分布全景图。

成熟阶段的企业业绩增长遇到瓶颈，急需创新寻求业务的新增长点，向海外扩张便成为一种业务策略，这时则需要给管理层呈现公司在全球范围内的组织和人员分布全景图。

图片加文字说明，可以让管理者们更加直观地看到公司整体的组织架构和人员分布现状，再加上历年趋势分析说明，足以呈现出不同业务发展阶段的组织和人才发展演变过程。当然，也可以用表格+文字的形式呈现，但盘点分析报告有一条黄金法则，就是"字不如表，表不如图"。

场景二：绩效产出分析

在前面的在职人员分析中曾提到，可以通过公司的销售额、利润等，结合在职人员数量，计算人均销售收入、人均利润等人均效能指标，在分析公司整体经营情况时，财务部门用得比较多。从组织和人才的角度进行盘点分析，可以从人员的绩效产出角度进行分析，得到另一种投入/产出的分析结果。

成长阶段的企业开始注重内部绩效考核，不论使用何种绩效考核工具，比如KPI或OKR，最终考核结果便是企业在定目标、拿结果上的真实体现。很多公司提倡"结果导向"的企业文化，绩效考核的结果可以实打实地体现这种文化在企业内部的效果到底如何。绩效考核结果有很多种表达方式：高、中、低、不合格；A、B、C；1～5分。阿里巴巴则采用3.75、3.5、3.25这3种分数。如果绩效结果呈正态分布，则表示拿中等绩效的占大多数，拿高绩效、低绩效的占少数，如下图所示。

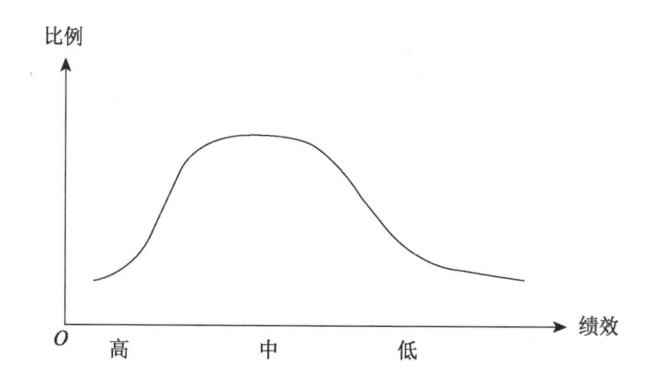

对于绩效产出，可以从不同角度进行分析。

1. 公司整体绩效分布

统计公司一年整体绩效分布数据意义不大，建议结合公司过去历年的绩效分布数据一起分析，如下表所示（数据并非真实数据）。

	高	中	低
2015	32%	60%	8%
2016	35%	58%	7%
2017	31%	65%	4%

看不同绩效区间的占比是否有变化，分析产生变化的原因。例如：高绩效人群占比突然增加，是业绩指标更容易完成，还是招进来的人才更厉害？如果是业绩指标更容易完成，那么继续分析是市场环境变好了，还是企业自身目标定低了？同理，低绩效占比产生变化也应该对其原因进行分析。

2. 各部门绩效分布

将公司各部门绩效分布呈现在一张表格里，并将各部门的绩效分布和公司整体分布进行对比分析，分析出现高或低的原因，尤其是职能相同的不同部门之间进行对比，如销售一部、销售二部，或者开发1组、开发2组，如下表所示。

	高	中	低
部门A	29%	60%	11%
部门B	31%	61%	8%
部门C	35%	55%	10%
公司	32%	60%	8%

3. 对绩效和岗位、层级、司龄、年龄进行交叉分析

将不同岗位、层级、司龄段、年龄段人群绩效产出的高、中、低进行对比，可以看出个中差异。当下职场非常热门的"35岁门槛"话题，就可以通过结合年龄段和绩效产出进行分析给出有力证明。如果经过数据分析，企业不能证明35岁及以上员工高绩效比例相对少、低绩效比例相对多，此时做人员优化时就应该慎重考虑。

4. 对绩效和其他盘点分析口径进行交叉分析

除了上述分析，还可以将绩效与其他组织和人才盘点口径放在一起进行交叉分析，阿里巴巴最常用的做法就是将绩效和潜力相结合。潜力分为3档：高、中、低，用个人发展速度和空间进行评估衡量，形成交叉分析的九宫格，如下图所示。

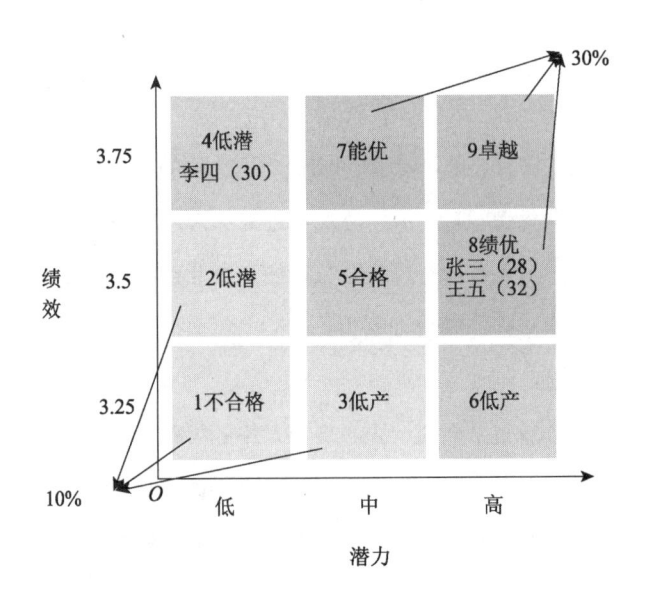

	低	中	高
3.75	4低潜 李四（30）	7能优	9卓越 30%
3.5	2低潜	5合格	8绩优 张三（28） 王五（32）
3.25	1不合格	3低产	6低产

绩效 / 潜力 （10% → O）

九宫格对应9个不同的区域，将所有人对应放到不同的区域，就会产生不同的人才保留、发展和淘汰计划。对于高绩效或者高潜力的人才，需要注重人才保留和培养，给予充分的发展空间和平台；对于低绩效的人，则应当及时跟进绩效改进，若还是不符合要求，则应及时淘汰。这就是人们常说的"361"分布，头部30%的人才公司必须保留，尾部10%的人公司需要淘汰替换，一轮又一轮，周而复始，不断产生激励和鞭策作用。

除了结合潜力进行交叉分析，还可以与不同离职风险（高、中、低）、个人发展意愿（想要晋升、本岗位保持不变、想要转岗）等其他人才盘点口径结合进行综合分析，从各种角度甄别人才，实现真正意义上完整的组织和人才盘点。

场景三：应关注的特殊群体分析

不同的公司，不同的发展阶段，对应关注的特殊群体不同，一般可以分为以下几种。

（1）一定级别以上的管理层群体，如总监级以上的管理干部。

（2）影响公司核心业务结果的专业岗位，如技术岗位、销售岗位。

（3）具有特殊管理标签的人群，如：校招生、管培生、管理预备队、海外人群等。

对特殊群体的分析，可参考前面常规盘点分析的维度和内容，分析在职人员，看他们的岗位、层级分布，入/离职情况，绩效产出水平和公司整体绩效水平对比，晋升发展速度和公司平均水平对比。

场景四：可惜离职分析

顾名思义，可惜离职是指公司不希望员工走而员工却主动选择离职。可惜离职分析，是一种有效评估企业人才保留机制的方法。分析可惜离职应从以下3方面入手。

1. *厘清标准*

"可惜离职"的具体标准应当尽可能使用量化指标而不是靠管理者的感觉。人们常说"一千个人心中，就有一千个哈姆雷特"，感觉很容易被挑战，只有通过统一的量化指标，让所有人在同一个语言体系和同一套标准中对话和评价，才能拉齐水位，体现公平与公正。高绩效的员工离职、潜力大被纳为重点发展对象的员工离职、经过长期培养走上管理岗位不到一年就离职，这些都可以定义为可惜离职。阿里巴巴集团多年来一直沿用的可惜离职标准就是："双高"（高绩效且高潜力），或者绩效和潜力两个指标中，出现一个"单高"（高绩效或者高潜力）。不同的企业可以根据自身管理需要自行定义。

2. 可惜离职的统计分析口径

对可惜离职情况的统计分析主要利用可惜离职率（计算方法同离职率、闪离率），以公司整体可惜离职率作为参考基准，分析各部门、岗位、层级、司龄等多个维度的可惜离职率。

3. 采取管理行动避免可惜离职

人力资源部牵头，与管理者就可惜离职标准达成共识，且通过数据分析得到可惜离职的相应信息后，可以就避免员工可惜离职讨论出可行的执行方案。人力资源部制订方案和行动计划，如：针对高绩效、高潜力的员工，制订定期沟通计划，了解他们在工作中遇到的困难，给予及时支持，为他们搭建更大的平台，评估合格后及时提供晋升通道等，通过一系列管理措施对这些员工进行激励和保留。最后，通过跟踪历年可惜离职率数据，可以校验公司在人才保留方面的效果。

上面列举了几种常见的专题盘点分析场景，不同业务类型、不同发展阶段的企业会面临不同的焦点问题，企业可根据自身需要来确定专题盘点分析的主题。根据实际操作经验，专题盘点的场景主要来自两方面。

一是"自下而上"，通过分析大量数据，挖掘和发现管理问题。有一年，我通过分析全体员工、全年度园区出入数据、Wi-Fi 联网数据、请假、差旅、外出参会等海量数据，发现有员工在没有请假、没有出差、没有外出开会的情况下竟然没有任何在园区、办公室出现的记录，我把他们称为凭空消失的 Xman，这个专题分析引起了管理层的高度重视，并很快采取措施堵住了这一管理漏洞。

另一种是"自上而下"，管理层心里有"某种感觉"，需要通过大量数据来佐证这种感觉是否真实、合理。在一次管理例会上，一位公司创始人说她最近听到一种说法，说很多高 P（总监级及以上级别的管理和专业人才）到公司是为了拿入职股票，并不想长久地待在公司。会后我开始收集整理各种数据，定位过去历年高 P 入职、离职数据，分析高 P 离职时的司龄、离职率、离职原因，同时对比其他拥有入职股票的入职人员，以及集团历年的离职数据，最终呈现出来的分析结果是：高 P 在第一次股票归属时间节点的离职率水平和其他层级基本持平，并不存在所谓的很多高 P 拿到第一笔入职股票后立马离职的现象。这一分析报告给了这位创始人一个相当有力的证据，让她可以拍着胸脯告诉所有人，公司不存在这种不合理的现象。

最后，只有做到"看数据、有观点、给建议"这九字箴言，组织和人才盘点报告才能真正帮到管理者，让组织及人才盘点成为有价值的事。

○ 企业生命周期新纪元：组织人才与创新、数字化

第五节　业务和项目复盘

　　前面介绍了战略执行四部曲中的第三步战略执行的管理动作：组织和人才盘点。接下来介绍战略执行四部曲中的最后一步：战略复盘。战略复盘有3个管理动作，分别是业务和项目复盘、个人和群体绩效评价、评奖&晋升及淘汰替换。在这3个管理动作中，最重要的便是业务和项目复盘，只有事情做对，拿到既定结果，才能确保企业经营目标得以实现，才会有后续的绩效考核分奖金、晋升发展、拿股票。

　　复盘在我国可谓源远流长，千百年前古人就有很多关于复盘的谚语，如"吃一堑长一智""前事不忘后事之师"，有很多名人智者也通过不断总结反思来提升自我——"吾当每日三省吾身"。复盘在国内作为一种企业管理方法，最早由联想集团创始人柳传志先生开始实践。

　　20世纪90年代，柳传志先生受到《曾国藩》一书的启发，边学边干，在思考、学习的基础上，不断积累自身的企业经营和管理实践。于2001年第一次在联想内部提出"复盘"这种管理思想和方法，并逐步在联想集团内部推广应用。之后很多企业纷纷效仿学习，阿里巴巴就是使用复盘这种管理思想最多的企业之一。

　　美国最早采用复盘的是美国军队，可以追溯到20世纪70年代，被称为"AAR（After-Action Review）"，即行动后反思。AAR是一种军事行动后的评估，旨在通过

回顾已完成的任务来识别成功的因素和需要改进的领域，以便在未来的行动中应用这些教训。后来复盘逐渐在企业界得到推广和应用，很多跨国大型企业开始使用复盘这种管理思想，如英国石油。

邱昭良在其著作《复盘+：把经验转化为能力》一书中，对企业管理中的复盘是这样定义的："复盘是从过去的经验、实际工作中进行学习，帮助管理者有效地总结经验、提升能力、实现绩效的改善。"如柳传志先生所说："所谓复盘，就是做完一件事之后，把这件事预先是怎么定的、中间出了什么问题、为什么做不到梳理一遍，总结经验教训。"

项目复盘操作流程

很多企业将业务目标分解为不同的任务,这些任务由专人组成项目组来落地执行，也有一些企业将项目包装成一个个战役去攻克。那么，到底应该怎样设计项目复盘呢？大家可以从3个阶段入手，回答7个问题，这里将其总结为"三阶段、七问题"。

阶段	主要问题	产出
结果呈现	Q1：项目的目标和关键产出是什么？ Q2：在项目执行过程中做了什么，策略和计划是什么？	一致的目标、策略共识
行为反思	Q3：评估结果是否达到预期？ Q4：目标制定是否合理？ Q5：策略、计划执行是否有效？ Q6：在项目执行过程中哪些方面做得好？哪些方面做得不够？	关键的成功因素； 失败的根本原因
面向未来	Q7：对后续行动有何反思和建议？	提升建议、改善行动

第一阶段：结果呈现

这个阶段是对过去一段时间内项目的实际情况进行客观的结果呈现：该项目的背景和初衷是什么？通过项目想要达到什么样的目标？对应的关键产出和评估指标是什么？为了达成目标，制定的策略、打法、执行的计划是什么？

企业内、外部环境千变万化，很多项目在成立之初的背景及目标没过多久就发生了变化，有些项目频繁更换成员，导致项目"摇摆不定"。通过阶段性的复盘，总结回顾项目的目标、产出，以及实现目标的策略、方法、具体的工作计划，可以让参与项目的所有人员保持方向和目标的高度一致，只有这样才能继续推进项目。

第二阶段：行为反思

第二阶段是对过去采取的所有行动进行总结反思：阶段性项目目标达到预期了吗？达到预期是因为做对了什么？有哪些关键的成功因素？有哪些可以复制到其他项目？没达到预期的核心原因是什么？有哪些主观因素及客观因素？当初设计的打法、策略是否合理、有效？对应的行动计划是否可行？在项目执行过程中，哪些方面做得好？哪些方面做得不够好？有没有提升的空间？

通过对这些问题的讨论和达成的共识，可以将项目的关键成功要素及失败的根本原因找出来，这两样是促使该项目后续取得成功，且其他类似项目达成预期目标的关键所在，也就是人们常说的"压箱底"绝活。

第三阶段：面向未来

有了第二个阶段的总结和反思，便可以对未来进行指引。面向未来阶段要思考：在项目执行过程中学习到了什么？哪些做法值得学习和推广？哪些做法应该及时进行调整？接下来该怎么做？如果再做一次该项目会有哪些不同的做法？如果其他人接手该项目，会给他什么建议？

复盘最大的价值在于总结和反思之后所引发的行为改变，如果只停留在思考阶段，而没有任何行为改变和行动，那只能叫总结，而不是复盘。

复盘会实操案例

在我给客户提供咨询服务时,一定会把复盘嵌入项目中。下面通过一个真实的案例给大家展示怎么做项目复盘,以及如何设计一次项目复盘会。

项目背景是客户邀请我给公司提供"组织能力提升"咨询服务,为此我设计了公司组织能力提升的整体方案,将公司组织能力提升分为5个方面,成立了5个项目组,分别负责提升组织能力5个方面的内容,并由各个项目组自行设计项目方案。在第一次项目小组进行方案汇报之前,我加入了"项目复盘"这个环节。

暖场——生命树

- 每个人准备一张A4纸和一支笔。
- 将左手按在纸上,按照轮廓画出手的轮廓。
- 根据自己的年龄划分出5个阶段,回忆每个阶段令自己印象最深的一件事(不论是好事还是坏事,不论是开心还是伤心)。
- 将这5件事,写在5根手指的顶端。
- 在小组内分享自己的5件事。

每组选出一则最感人的故事,分享给大家。

由于每个项目小组的成员都来自不同的部门,平时接触少,彼此不够了解,而在一个项目组做项目,必须有"心往一处想,劲往一处使"的干劲儿,因此必须让项目组成员熟络起来,这也是设计暖场环节的初衷。

项目组第一次复盘

- 本项目小组的目标是什么?
- 在这一周左右的时间里做了什么?发生了什么令自己印象深刻的事?
- 评估这一阶段的成果。
- 反思:
  - 目标制定是否合理?
  - 策略、打法是否有效?

○ 企业生命周期新纪元：组织人才与创新、数字化

> 内、外部环境是否有变化？
> 在项目执行过程中，哪些方面做得好？哪些方面做得不够？
> 接下来准备怎么做？有哪些行动计划？

各小组讨论 15 分钟，每个小组分别上台分享（3 分钟/组），其他组点赞。

这个环节让各项目小组内部围绕这些问题讨论 15 分钟，并形成一致的结果，用贴纸的形式把内容粘贴出来，然后上台对达成共识的内容进行分享，其他小组可以给分享质量较高的小组点赞加分。

项目复盘工具

在阿里巴巴内部有一句老话："要解决事情，先解决心情。"意思是如果一个人的心情不好，是很难做好事情的。公司组织架构调整、外部市场环境变化、公司提高下发指标甚至员工主管变了，都会对项目组成员造成影响，进而影响项目的推进和最终的结果。更何况大多数项目组都是在公司内部各部门横向组建成立的，成员彼此接触少、了解不多、合作不多，很难快速建立信任感，因此在对项目进行复盘时必须考虑到"人"这一因素。如果上面介绍的项目复盘操作更加关注"事情"，那么接下来介绍的几种复盘工具在关注"事情"的同时，更加关注"人"，从而让项目复盘更加走心。

第一个工具是项目过山车,第二个工具是情感交换器,第三个工具是金鱼缸。金鱼缸其实是通过外部视角帮助项目组内部的人更好地去面向未来,解决项目中相应的一些问题。

项目过山车

项目过山车是指小组成员回顾这段时间一些项目的关键事件,以及这些关键事件给自己的直接感受。这些信息可以通过横轴和纵轴的形式呈现,纵轴表示个人的情绪:高涨、低落、平淡,横轴表示大家一致认可的项目关键节点及关键事件,如下图所示。

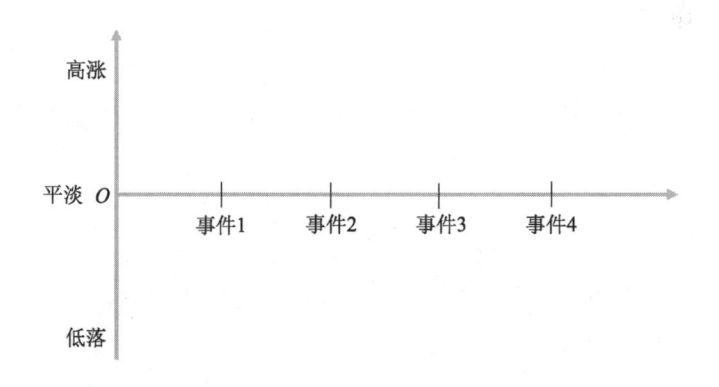

第一步,项目组成员回忆在过去这个时间段自己感受到情绪高涨或低落的关键事件有哪些,写在贴纸上,贴在横轴(事件轴)上。

第二步,每个人将自己对关键事件的情绪感受写下来,贴在对应关键事件的纵轴(情绪轴)上,将不同成员对同一个关键事件的感受对齐(每个人的感受不同)。

第三步,讨论并圈出在两三个对团队合作、项目目标的达成有很大破坏性的关键事件,如下图所示。

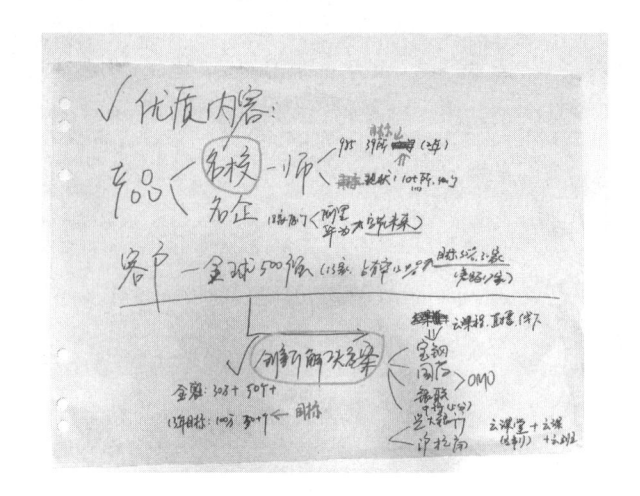

圈出来的关键事件，对推进项目来说是很好的改进和优化方向。项目过山车就是一种允许大家表达自我情绪，发现影响项目拿到最终结果的核心关键事件，进而为项目的下一阶段提供相应的指导和复盘工具。

情感交换器

情感交换器是让大家表达在项目执行过程中造成自己情绪低落的点、使自己情绪变好的点，以及对彼此的感受，大多数是通过项目过山车找到的影响项目结果的关键事件，让项目组成员针对这几个关键事件谈自己的感受。

情感交换器使用起来比较简单，划分不同的角色，让扮演这些角色的人把自己的真实感受全部表达出来，回答以下 3 个问题。

（1）在这件事中，你的感受是什么？

（2）在这件事中，你觉得其他角色（如销售、技术、客服）给你带来的感受是什么？

（3）扮演同一个角色的人：在这个事件中，你觉得相同角色彼此的感受是什么？

一次畅聊一个事件，按照不同的角色分类，将自己的感受和情绪写在贴纸上，贴出来，大家一起看。在大家一起看的过程中，可以发现在某件事情上，有的人会感到失落和遗憾，有的人会感觉有点乱，有的人会感觉很痛苦，有的人会感觉很兴奋，每个人的感受是完全不同的，如下图所示。

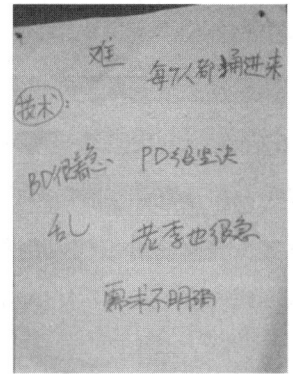

通过项目成员彼此之间的感受交流和情绪交换,让大家相互之间更加理解和认同,更好地为下一阶段项目的推进做好心态、情绪方面的铺垫。这就是情感交换器的作用和价值。

金鱼缸

用金鱼缸进行复盘时,所有参与项目的成员围成一圈,外面一圈由若干位观察者对项目组成员的讨论进行观察,并给出点评。这种内一圈、外一圈的布置形式,有些像人们观察鱼缸里的金鱼,故取名为金鱼缸,如下图所示。

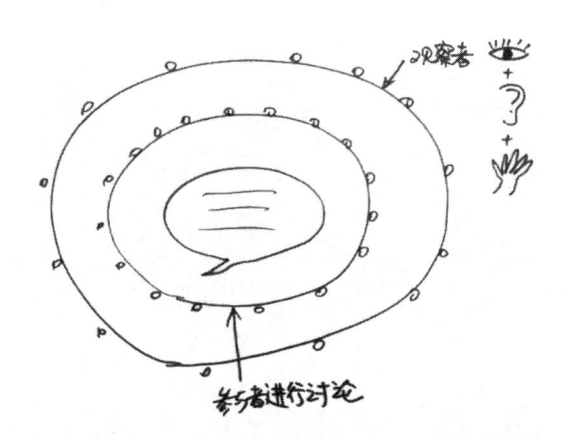

内圈项目成员讨论什么内容呢？他们的讨论只围绕一个话题：如果我们这群人下次还在一起合作项目，怎么做才能变得更好？金鱼缸大多用于复盘时面向未来，项目组共同讨论可改进、提升的具体内容。作为内圈的项目组成员，通过输入外部观察者的不同视角，可以帮助他们更好地反思，这就是金鱼缸的作用。

如果以"结果呈现—行为反思—面向未来"为主轴设计一次项目复盘，那么项目过山车、情感转换器和金鱼缸这3种复盘工具会更加走心。我在复盘时会搭配使用这3种工具，这样效果更好。

对成长阶段的企业来说，战略目标制定不是重点，也不是难点，在多数情况下，创始人或创始团队已经有了非常明确的战略目标和方向。难点在于整个企业能够步调一致地使战略目标落地，并且能拿到预期的结果。

战略生成、战略规划、战略执行、项目复盘可以帮助大家很好地去做战略分解，直到最后拿到结果，这套工具对成长阶段的企业实现业绩增长、快速扩张至关重要。接下来进入成长阶段企业能力建设的第二部分，即通过组织架构的设计来提升组织能力，帮助企业拿到业务结果。

第六节　组织架构设计

组织架构属于企业管理范畴，在学术研究领域，很多专家学者使用"组织结构"的说法。杨少杰在《进化：组织形态管理》一书中写道："组织结构构成组织形态，有什么样的组织结构就有什么样的组织形态，同时也会出现什么样的功能特征，从而形成一种必然结果，影响组织的价值创造过程和结果，这就是所谓的'有因必有果'。"由此可见，组织架构会对企业经营结果产生直接影响。

从战略落地路径"战略—流程—架构—职责—岗位"来看，组织架构处在中间一环，起到承上启下的衔接作用，组织架构设计影响企业的业务流程、权责关系、资源配置、部门协同等方方面面，对处于业务快速扩张的成长阶段的企业来说，做好组织架构设计是一门必须修炼的"内功"。

盒马的组织架构设计

盒马是阿里巴巴"新零售"业务战略下一次新业务的尝试，最早叫盒马鲜生，后来改名为盒马奥莱，最近又更名为盒马超市。盒马是阿里巴巴旗下新零售业务板块中为数不多的、到目前为止仍在良性发展的新零售业务。几年前，处于成长阶段的盒马急需快速扩张业务规模，翻看 2018 年一篇关于盒马的新闻报道，可以发现一些很有

○ 企业生命周期新纪元：组织人才与创新、数字化

意思的数据。

盒马鲜生以 140 亿元（估计值）的销售额位居"2018 年中国快速消费品（超市、便利店）百强"榜单第 18 位。盒马鲜生 2018 年销售额同比增长 300%，截至 2018 年，全国门店数为 149 家，同比增长 396.7%。

数据显示，截至 2018 年 7 月 31 日，盒马鲜生已在全国拥有 64 家门店，分布在 14 个城市，服务超过 1000 万消费者。盒马鲜生 1.5 年以上门店单店日均销售额超过 80 万元，线上销售占比超过 60%。盒马鲜生的单店平均面积为 4000 平方米，单店坪效超过 5 万元，经营效率超过同类型大卖场 2~3 倍。

通过这些数据可以发现，盒马作为一家新零售业务组织，突破了众多传统线下商超的限制，经营效率更高，销售额增速更快。盒马使用结合互联网和商超"线上+线下"的业务模式，业务模式创新的背后是其组织形态和组织架构的特殊性和创新性。

很多人会说，盒马发展迅速是因为它属于"富二代"创业，背靠大树好乘凉——它有阿里巴巴集团强大的资金支持和技术投入，这是它成功的核心因素，资金和技术资源投入，为盒马从 0 到 1 带来了很大帮助。在盒马从 1 到 10 的发展过程中，我认为盒马创新性地设计出了一套逐步完善的、整合互联网和传统商超的组织架构，这种组织架构设计为盒马带来了高效的业务、财务和人力资源管理，组织架构设计对盒马业务成功起到了重要的推动作用。那么，盒马到底是怎样做组织架构设计和管理的呢？我总结出了 4 个要点，如下图所示。

线上线下结合	• 互联网属性（总部）：产品、技术、运营、采购 • 商超属性（区域）：门店
抓住核心节点	• 对门店职能和架构进行统一模块化设计 • 店长：卖场（品类组：酒水、零食）、厨房、仓库等
技术赋能管理	• 门店运营流程节点线上化 • 打通组织架构、人员信息、业务系统，实时报表系统
快速复制和优化	• 复制门店组织架构实现快速开店 • 后台失效组织架构实现即刻关店

第一，线上线下结合。盒马快速发展期在 2018 年，它在全国快速扩张，不断开设新门店，提升自身品牌的影响力。盒马在设计组织架构时，一方面考虑其互联网的组织属性，另一方面覆盖线下商超的业务流和职能。盒马上海总部保持了互联网的组织属性，它有最核心的采购、运营等前台业务部门，还有中台的产品、技术等业务支持部门，商超业务属性的组织架构则体现在"门店"这个节点上，以门店名称来命名组织架构。线下商超的业务模式导致盒马的人员构成很复杂，除了正式员工，还有外包员工、临时工甚至直营员工，这些人员跟第三方签订劳动合同但归盒马直接管理。人员结构的复杂程度，决定了在流程监督、成本管控上要求非常高。

第二，抓住核心节点。在设计组织架构时秉持两大原则：一是把每个门店的职能和架构进行统一模块化设计，所有门店组织架构完全相同，不同的门店可直接复制组织架构。二是将门店这一管理节点设置为店长，门店职能往下分别是卖场、厨房、仓库等，对应店长直接管理下辖各职能部门的主管。在卖场架构中，还可以进行相应的品类细分，比如酒水组、零食组、水果组、海鲜等，以此类推，一层一层分下去。

第三，技术赋能管理。通过组织架构设置这些管理节点之后，盒马门店所有运营管理流程的节点都可以找到相应的岗位和人。这些人的操作流程是什么，以及应该配备什么样的权限，都可以在各种系统平台查看。我认为盒马做得非常好的地方，就是它通过技术把人员信息系统、组织架构、业务系统和后台财务报表等各种系统全部打通。盒马后台有一个非常强大的报表系统，通过这个报表系统，可以实时看到现在全国有多少家门店，以及这些门店里有多少正式员工、有多少外包员工、这些人分别在什么岗位、目前他们的工作流程是什么样的，通过财务核算可以看到一家门店的人工成本是多少、门店的营收和利润分别是多少，所有信息和数据都一目了然，非常先进。

第四，快速复制和优化。因为盒马处在快速扩张期，所以它开新店非常迅速。前面提到，盒马对门店的架构进行了模块化和统一化设计，要新开一家门店，只要在后台把新门店的组织架构复制过去，再把人放进架构中就可以了。同样，如果一家门店效益不好需要关店，只要在后台对这家门店的人进行相应的调配，对这家门店的组织架构进行相应的失效操作，就实现了快速关店。

结合线上线下抓住门店管理的核心流程和关键节点，技术赋能管理形成强大的后台报表，并通过组织架构快速复制和优化，这样的组织架构设计和管理为盒马在扩张期提供了一整套行之有效的组织保障体系，这套体系的起点和锚点就是盒马的组织架构。

基于组织架构设计，盒马还间接实现了什么目标？它实现了从人员管理到成本核算，再到企业完整经营数据的一整条信息链路的全部打通。打通这条信息链路之后，可以用其反哺盒马的经营管理，为盒马快速扩张打下非常坚实的基础。

在快速扩张时期，盒马的组织架构设计思想其实是很先进的，在整个阿里巴巴集团内部成了业务模板和示范标杆，很多业务线都向盒马学习。还有一些外部企业，比如友商也纷纷去盒马参观学习，学习他们在快速扩张期如何高效地管理组织架构和人员。

组织架构设计的思路

国内知名的战略咨询机构智纲智库创始人王志刚有一个观点：思路即方法，意思是很多时候不知道该怎么做是因为没有思路，只要打开了思路，自然就有了方法。我很认可这个观点，当我们设计一家企业的组织架构时，必须对企业的商业模式、发展阶段、产品分类等多种因素进行综合考量，这样才能设计出匹配企业价值创造要求的组织架构。组织架构设计没有"好坏之分"，只有"适合与否"。组织架构并非一成不变的，不断进化和演变的目的就是适应企业发展的需要。

组织架构的 4 种形态

《进化：组织形态管理》一书中总结了组织架构经历的 4 种变化：直线型、职能型、流程型和网络型。直线型和职能型主要是封闭型组织采取的组织架构形式，而流程型和网络型主要是开放型组织采取的组织架构形式。

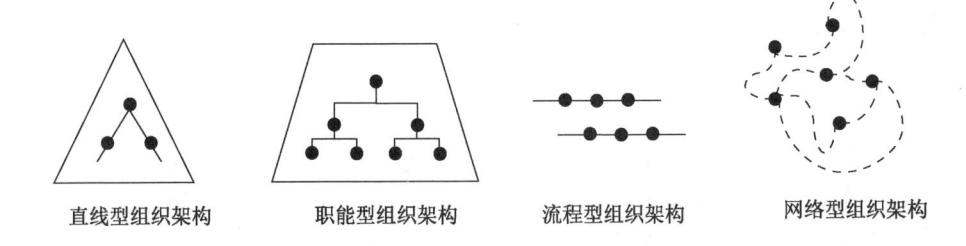

第四章　成长阶段的企业管理体系建设

直线型组织架构　　职能型组织架构　　流程型组织架构　　网络型组织架构

（1）采用直线型组织架构的企业起源于早期的手工作坊和工厂，它是一种以指令为基础的组织运行秩序，在架构顶点发出指令，下方的人负责执行。直线型组织架构比较简单，相对灵活、高效，适合规模较小的企业，创业阶段的企业可以采取直线型组织架构，在很多大型企业中也能看到直线型组织架构嵌入其中。

（2）职能型组织架构建立在企业内部职责分工明确的基础上，各职能单元分工协作，共同对企业经营目标负责。由于职能型组织架构仍旧沿用了由上而下的指令方式，所以职能型组织架构也叫"直线职能型组织架构"，这也是目前中国绝大多数企业所采取的组织架构方式。职能型组织架构的各个职能单元需要彼此协同，难免在边界划分、责任归属和利益分配等方面产生分歧。因此，职能型组织架构又进化出了更加细分的架构，如事业部制、矩阵制和项目制等。事业部制、矩阵制适用于业务单元众多、人员规模庞大的大型企业组织；项目制则应用在很多启动创新研发型项目的企业中。

（3）流程型组织架构开始以客户为中心，通过业务流程搭建企业内部的运行秩序，相对于直线型和职能型组织架构，流程型组织架构属于"水平型"组织架构，它结束了企业内部的职能分工和专业化协作，取而代之的是统一的流程管理，团队成为最小的价值创造单元。流程型组织架构需要先进的信息技术支持，使企业内部的所有流程节点能够有效衔接。华为很早就开始建立流程化管理体系，并以"客户为中心"设计组织架构和管理体系。

（4）网络型组织架构则是企业发展的终极目标，它完全打破了企业的业务流程。当出现客户需求时，企业内部分散的"价值创造者"开始集结在一起共同解决客户需求，完成一次价值创造。这时的企业内部没有固定的部门、固定的团队和固定的职位，完全实现了无边界化。在人工智能高速发展的今天,很多从事人工智能开发的小型公司似乎出现了网络型组织架构的影子。

组织架构设计的指导原则

从创业阶段走入成长阶段的企业,组织架构也从过去的直线型走向职能型。从过去老板一声令下所有人一起干,到企业内部开始划分不同的职能,开始分层管理,出现中间管理者。绝大多数成长阶段的企业采取职能化设计,也有少数采用项目制设计,但不论采用何种形式,都应当遵循以下3个原则。

重业务、轻管理

上面介绍了快速扩张时期盒马如何做组织架构设计和管理,从中可以发现,它的组织架构设计完全依托业务发展需求和企业价值创造。成长阶段的企业,组织架构不能够成为其业务发展的限制和障碍。组织架构上每增加一个节点,在流程上就会多出一个审批节点,在管理上就会增加一个控制点。因此,平衡业务需求和组织架构设计一个非常值得研究的课题。

在进行组织架构设计时,由组织架构设计引出的流程、职能、权责都应该服务于业务,而不能出现"衙门"式的职能部门对创造价值的业务部门进行强管控,这样会导致业务部门做事束手束脚。这是成长阶段的企业设计组织架构要遵循的最终的底层逻辑和原则。

支持快速复制

在组织架构设计上,要能够支持业务的快速复制。企业在扩张规模阶段,经常会遇到在不同城市、区域开设分公司或者增加一个分支机构的情况,这时在组织架构设计上要事先考虑周全,放出"余量"。一旦开设分公司或者批量增设分支机构,要能够快速复制组织架构,为业务扩张保驾护航。

支持快速应变

组织架构的设计要能够快速应变。进入成长阶段的企业,为了应对市场变化和竞争对手，也会经常改变业务策略。业绩好的区域增设分公司和分支机构，业绩不好的区域和部门应该立马进行相应的调整。这时的组织架构设计和管理，要跟上业务快速变化的节奏。

组织架构设计示例

下面介绍几家我曾经合作过的公司的组织架构，帮助大家更好地理解组织架构设计的思路和方法，这几家公司均处在成长阶段，规模在100～200人。

LZ 公司：职能型组织架构

LZ是一家知名的在线教育公司，为企业提供人才培养和发展解决方案，主要产品包括学习平台、课程内容和方案设计等。LZ公司的组织架构是典型的职能型组织架构，公司创始人兼董事长和总经理，下辖营销、生态渠道、客户成功三大业务部门，内容中心、产品技术中心、市场等中台支持部门，以及人财法（人力资源、财务、法务）、行政等后台职能部门，这是典型的职能型组织架构设计。

SQ 公司：事业部型组织架构

SQ 是一家从事知识产权数字化服务平台建设的公司，主要对接政府，现在逐步转向为企业提供服务。因此，SQ 公司在组织架构上以不同业务事业部的形式呈现，有政府事业部、企业事业部，还有创新的数字产品事业部。每个事业部有独立的负责人，对本事业部的经营业绩负责，各事业部有独立的开发、产品和市场销售团队。公司的人力资源、财务等职能部门也围绕这几大事业部展开工作。

KY 公司：项目制组织架构

KY 公司是一家区块链产品开发销售公司，在 KY 公司内部，组织架构围绕几大项目，在项目中根据产品特性配置不同的角色，有开发工程师、产品经理等，成熟的已经市场化的项目组会配置市场岗位，负责产品推广。

组织架构设计的误区

在设计组织架构时,企业经常会出现一些认知上的误区,导致不合理的架构设计出现,下面通过两个案例来展示。

销售和市场营销的分歧：很多企业内部设有销售和市场营销两个职能部门。销售部门比较关注短期销售业绩,因为业绩结果跟销售人员的个人收入直接相关;市场营销部门比较关注市场上客户需求的变化,一旦发现市场上客户的需求发生变化,市场营销部门就可以通过不同的营销策略来吸引更多的用户。于是,这两个部门之间经常吵架,销售团队指责营销团队不断地变化价格策略、优惠政策,搞得自己的业绩和收入都不稳定。而营销团队则批评销售团队目光短浅,只顾当下利益。这是一个比较典型的两个职能团队之间的协同矛盾。

产品和技术的争端：第二个典型场景出现在负责产品设计的产品部门与负责产品开发的技术部门之间。产品部门的想法是：产品功能越完善、新功能越多,越可以吸引更多的新客户,提高老客户的黏性。而技术开发部门则更希望产品开发周期缩短、产品稳定、不出现bug。于是,这两个部门之间总存在无法调和的需求。

销售和市场营销、产品和技术,这两组部门间的矛盾冲突比较具有代表性。企业经常采取两种做法：第一种做法是把销售团队的负责人调去做市场营销的负责人,同时把做市场营销的负责人调去管销售,让他们互换管理位置,彼此去适应对方部门的工作风格和职能要求;第二种做法是让其中一个人来统管这两个部门,即把两个部门合并到一起由一个管理者进行职能管理,原先平起平坐的两个人变成上下级关系。

无论是调整个人管理风格,还是调整合作关系,都属于认知有误。通过管理者互换位置和角色,让其中一人统管的做法也不是最佳解决方案。究其根本原因在于,这两个部门之间的矛盾不是个人的风格不同,也不是合并管理就能解决的。这两者产生矛盾冲突的根本原因是两个部门的职能定位和角色分工不同。

既然靠调整管理风格或一人统管不能根本解决问题,那么建议跳出两个部门的角色定位,考虑在公司层设置一个管理这两个职能部门的岗位。比如,设置一个副总或者设置COO（首席运营官）管理销售和市场营销两个部门,设置CTO（首席技术官）

统管产品和技术两个部门。副总或者 COO/CTO 是站在整个企业经营管理的角度来管理这两个职能部门的，因此管理决策都是从公司角度出发的，而不是其中某一个职能部门。

在做组织架构设计和管理时，切记一定要跳出这两个误区，不能够站在误区里去做架构设计、优化和调整，而是应该站在整个企业经营管理的角度，站在实现企业价值创造的角度去设计、管理组织架构。

企业生命周期新纪元：组织人才与创新、数字化

第七节　人才选育用留机制

前面介绍了企业如何通过战略执行四部曲落地业务目标并拿到结果，介绍了如何通过组织架构设计来提升企业经营管理效率，实现快速扩张，本节介绍人才选育用留机制的建设。企业只要度过创业阶段，对于人才的选拔和培养便成为伴随企业一路前行的重要课题。进入成长阶段的企业，只有通过机制建设把人才队伍建设好，打下坚实的人才基础，才能走得更好、更远。

本节内容展示的是组织发展三角模型中的人才维度，也涉及部分组织维度的机制建设。人们听得比较多的是人才的"选育用留"，而我更习惯使用"选育用励汰"。这种叫法最早出自2014年的支付宝，由人力资源部在公司组织和人才发展策略会上提出，后来慢慢被阿里巴巴整个集团接受并使用。建设好人才选育用励汰机制，可以为业务发展源源不断地输送人才，辅助业务快速增长，具体如下图所示。

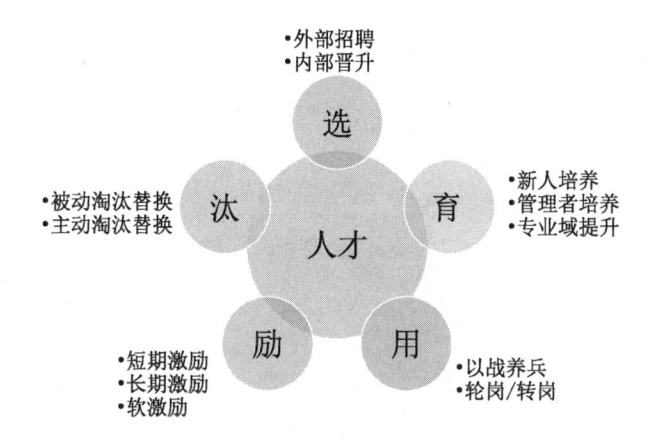

第四章　成长阶段的企业管理体系建设

- 外部招聘
- 内部晋升

选

- 新人培养
- 管理者培养
- 专业域提升

育

人才

汰

- 被动淘汰替换
- 主动淘汰替换

励　用

- 短期激励
- 长期激励
- 软激励

- 以战养兵
- 轮岗/转岗

内外结合的选人机制

在公司里，经常听到管理者说"招人是人力资源部的事"，管理者会把招不到好的人或者招聘不及时的责任推到人力资源部门头上，这是一种错误的思想。任何一家公司，招人的第一责任人永远是管理者自己，人力资源部门是第二责任人。另外，我想对所有管理者说，在招人之前必须想清楚两个问题。第一，在当下这个业务发展阶段，我作为一个团队管理者，我的团队需要什么样的人？第二，我需要的这些人应该从哪里来？哪些需要从外面招？哪些可以从内部选拔或培养？

相信大多数管理者在招聘时，根本不会想到上面两个问题。事实上，这两个问题十分关键，它可以帮助管理者做好现有团队和人员的盘点。为了完成公司下达的业绩目标，应该打造一支什么样的队伍？这支队伍的核心能力是什么？应该具备什么样的知识和经验背景？团队现有人员和目标有什么样的差距？这个差距是否可以通过内部的培训、晋升选拔人才来弥补？如果不能弥补，市场上有没有这样的人才可供招聘？他们在哪里？……这一系列问题都是对上述两个问题的细化和深挖。一个成熟的管理者，应该具备这样的思考能力。一名优秀的人力资源岗位的任职人员，可以和管理者一起探讨这些问题，一旦就这些问题和管理者达成共识，招聘就不再是单方面的事，也不会是一项不可能完成的任务。一次招聘需求就会变成一次对业务、对团队、对人员的高质量的管理对话。

外部招聘

从外部市场招聘人员进入企业内部就是外部招聘。很多进入成长阶段的企业，规模不大，没有资源配置完善的人力资源各个职能模块和人员，甚至"一个萝卜多个坑"，最常见的就是一个人力资源专员既要负责招聘，又要负责培训，甚至还负责员工的活动和员工关系维护。在没有全职人员负责招聘模块的情况下，要想做好招聘工作，就需要有一套简单、高效的招聘体系来做支撑。

招聘体系并没有人们想象中那么复杂，公司不论大小，招聘体系最核心的无非是三大块：招聘渠道、招聘面试官和招聘流程。

1. 招聘渠道

根据招聘候选人的来源，可将招聘分为校园招聘和社会招聘，简称校招和社招。顾名思义，校招是指从学校招聘即将毕业的应届毕业生，社招是指从社会招聘具有一定工作经验的职场人。

和成熟企业不同，成长阶段的企业没有足够的品牌知名度和良好的雇主形象做支撑，很多优秀的应届毕业生更愿意选择一些知名企业或者大厂。另外，成长阶段的企业需要快速扩张，对业绩结果要求高，没有相关工作经验的应届毕业生往往很难适应，因此，成长阶段的企业大多采取社招策略。

社招的渠道分为线上渠道、线下渠道两类。

线上渠道：最常用的线上招聘渠道就是国内各大招聘网站，如 BOSS 直聘、猎聘网、51job、58 同城等，只要购买企业会员，便可以享受线上招聘网站的各类招聘服务。

还有一些其他的线上招聘渠道，成长阶段的企业可以根据自身的实际情况选择使用，例如：公司网站、企业公众号、官方招聘就业信息网站等。

线下渠道：线下招聘渠道最常见的就是各类人才招聘会，招聘会可以是官方组织的，也可以是各行业协会组织的。

除了常见的招聘渠道，下面介绍几种不常用但很有效的招聘渠道。

（1）专业性网站论坛：例如，技术专业类人才很喜欢去逛一些论坛，或者经常去浏览一些专业学术帖，作为一个技术团队的领导或者支持技术团队的 HR BP，可以到这些论坛上去跟踪那些发言比较活跃、思考比较有深度的人，通过互动回帖与他们建立联系，然后把他们作为团队招聘候选人。

（2）线下各种类型的行业峰会、专业论坛：每年各行各业都会举办很多行业峰会，峰会上会有很多业界大咖、专业大牛到场讲话，喜爱这些大咖或大牛的人会到场参加，进入这些会场交换信息，也可以收获很多专业方面的牛人作为团队招聘的候选人。

（3）各种人脉资源：公司上至老板，下至普通员工，在行业内、竞争对手那里，或多或少会有几个认识的朋友、曾经的同事，善于利用这些人脉资源对招聘有很大的帮助。这种形式最近几年十分流行，在很多公司形成了"内部推荐"机制，配合给予内部推荐奖励，通过适当激励来提升内部推荐候选人的积极性。

2. 招聘面试官

对于面试官，企业一般会根据招聘面试的轮次进行相应的配置，第一轮初试由人力资源部门安排面试官；第二轮复试，由业务部门的管理者做复试官；第三轮一般是最后一轮面试，由公司的高管层甚至公司的创始人来做面试官。

每轮面试的考察重点不同，因此对面试官的要求也不尽相同。第一轮初试由人力资源部进行，初试评估候选人的知识、经验这些比较基础的胜任资格，重点核实候选人的意愿。有些候选人对更新换新工作的意愿没那么强烈，或者非常看中薪资待遇的上浮，因此候选人的诉求和公司文化价值观是否匹配，也是初试需要筛选考察的内容。第二轮复试由业务部门的管理者做复试官，主要考察候选人的专业能力、工作经验是否符合岗位需求。而第三轮由公司的高管层或创始人做面试官，他们需要对候选人能否加入公司做出最终决策，考察候选人的文化、价值观、个人动机等方面。如果遇到候选人薪酬期望超出公司标准的情况，也应由高层对候选人薪酬能否实现做出判断。

对于有条件的公司，建议对面试官进行"认证"管理，目的是提升招聘面试的质量，提升候选人的面试体验。面试官认证内容包括：面试官的资质，以及面试官对面试方法、面试礼仪的学习等方面。

面试官的资质包括面试官的司龄（进入公司时间长短）、面试官的绩效产出、面试官的文化价值观评估等。一个刚加入公司 3 个月的部门主管肯定不如加入公司 1 年以上的面试官对公司的整体业务、部门发展情况了解。但也不是绝对不能做面试官的，可以采取"以老带新"的方式进行，让新管理者尽快进入角色以胜任面试官的工作。如果面试官自己的绩效产出不理想，正处在改进期，这时候让他做面试官是不合适的。

人力资源部门可以给公司内部所有面试官培训，传授面试的方法和经验，比如"面试开场三步法""面试提问 STAR 方法"等，帮助面试官提升面试的能力和技巧。同时，也不能忽视面试礼仪，比如最基本的"守时"。很多候选人到公司后等 30 分钟、1 个小时还没能盼来面试官，只有人力资源专员一趟趟跑过来告知，面试官还在上一个会议中，请再等会儿！这种行为对候选人的面试体验伤害极大，候选人很可能因为糟糕的面试体验而选择放弃这家公司，最终受到伤害的还是公司。

3. 招聘流程

招聘流程一般包括发布招聘需求、简历筛选、面试、发送 Offer、办理入职 5 个步骤。

（1）发布招聘需求。

当人力资源部门和用人部门的管理者就"需要什么样的人""我要的人从哪里来"这两个关键问题达成共识后，便明确了用人部门的招聘需求。人力资源部门在登记了招聘需求之后，开始发布招聘信息：招聘岗位的名称、工作职责、岗位任职要求（学历、专业、工作经验、语言等），有了这些内容，一份岗位招聘的"职位说明书"（Job Description，JD）即出炉。结合企业介绍、薪酬福利政策、岗位薪酬待遇等信息发布在各种招聘渠道和平台上，便完成了招聘岗位的需求发布。

（2）简历筛选。

当下外部所有的招聘网站都具备"简历筛选"功能，企业可以通过设置关键词进行简历初筛，例如：根据学历、专业、工作年限等进行逐层筛选，甚至可以加入特定条件，例如：希望招聘的候选人具备××公司的工作经验，可以以工作经历作为筛选条件，加入特定公司的名称进行简历筛选，提高命中率。一般情况下，简历筛选工作由人力资源部门开展，有些管理者为了加快速度，也会主动申请一起筛选简历。

（3）面试。

面试形式上分为电话、视频、现场3种。从效果上说，我个人倾向于现场面试，因为跟候选人互动效果更佳，也能更清楚地看到候选人的表情、肢体语言，可以辅助鉴别候选人。其次是视频面试，最后是电话面试。面试的方法也有很多种，有行为面试法、情景面试法和小组面试法等。个人比较推崇行为面试法。行为面试法侧重于询问候选人过去的工作经历，例如：他们如何处理过去工作中的挑战和问题。这种方法相信过去的行为是未来行为的预测指标，通过过去的行为预测将来的行为表现。

在采用行为面试法与候选人交谈的过程中，可以使用面试的STAR提问方式——情境（Situation）、任务（Task）、行动（Action）、结果（Result），即在什么背景和情境下，为了完成何种任务，采取了什么行动，最终结果如何。使用STAR法回答面试问题的优点在于，它使得回答更加条理清晰、逻辑性强，而且能够突出关键技能和成就。下面是一个使用STAR法回答面试问题的例子。

请描述一次你解决复杂问题的经历。

Situation（情境）：在我担任项目负责人时，我们遇到了一个技术难题，影响了项目的进度。

Task（任务）：我的任务是找到一个解决方案，确保项目能够按时完成。

Action（行动）：我首先召集项目团队开会，明确了问题的紧急性和重要性。然后我组织了一个专门的团队来研究这个问题，并采用了头脑风暴的方法来收集可能的解决方案。最后我们进行了风险评估，并选择了最佳的解决方案。

Result（结果）：经过两周的努力，我们成功地解决了这个问题，并且项目按时完成了。我们的解决方案还提高了系统的性能，超出了客户的预期。

原则上面试不应超过3轮：初试、复试、终试，这对中小企业来说比较容易做到，对成熟的大企业来说有一定的难度，一方面是大企业内部流程繁杂，比较耗时，另一方面是一些高精尖人才经过3轮面试后管理者没有办法给出肯定的判断和结论，因此希望通过增加面试轮数，让更高级别的管理者帮忙做判断。

（4）发送Offer。

面试通过后，企业给候选人发送Offer，是对双方合作意向的一种初步约定。在Offer中需要说明的关键内容包括：岗位名称、部门、薪资、试用期、入职时间、公司福利说明等内容。下面给出一份Offer模板供参考。

入职Offer模板

尊敬的_____[求职者姓名]：

您好！首先，感谢您对我们公司的关注和信任，我们非常荣幸地通知您，您已成功通过我们的面试环节，现正式向您发出入职邀请。

请您查阅以下职位相关信息。

职位：_____[职位名称]

部门：_____[部门名称]

薪资：_____[薪资金额]元/月

福利：缴纳社保、公积金，享有带薪年假、节假日福利等

试用期：_____[试用期时长]个月

入职时间：_____[入职日期]

我们公司注重员工的培训与发展，为您提供丰富的内外部培训资源和晋升机会。同时，我们倡导积极向上的企业文化，期待每位员工都能在其中找到自己的价值，获得成长。

请您在收到此通知后，于_____[回复截止日期]前确认是否接受录用，并将回复结果告知我们。如有任何疑问，请随时与我们联系。

期待您的加入，共同创造美好未来！

顺祝商祺！

[公司名称]

[公司联系方式]

Offer虽然对企业和候选人双方都有约束力，但相对来说企业处于"弱势"一方，因为候选人手头可能握有多个心仪的Offer，只要一天没有接受企业Offer并办理入职手续，发出去的Offer就没有最终实现招聘到岗的结果。

（5）办理入职。

候选人接受Offer，按照约定时间前来公司报到办理入职，整个招聘流程就告一段落。

很多公司管理者关注招聘效率，因此"招聘周期"这一指标应运而生。岗位招聘周期用"天数"计算，特指从发布招聘需求到候选人入职期间花费的天数。不同行业、不同特征岗位的招聘周期不尽相同，不能单用这一个指标对招聘效率一概而论。此外，简历通过率、面试通过率也可以作为评估招聘效率和招聘质量的指标。

内部晋升

晋升作为企业内部人才选拔和激励的重要方式，受到的重视程度却远远不够，很多企业"留不住人"。在分析原因时，员工看不到发展机会是主要原因，而企业却不知道怎么给员工提供发展通道和舞台。

我有幸在2016—2018年这3年负责整个阿里巴巴集团的晋升项目。在阿里巴巴集团，一年有两次晋升机会，提名晋升员工人数超过10000人，人员分布在30多个事业群。基于我在阿里巴巴集团做晋升的经验，结合解决中小企业员工发展诉求的项目实施经验，我总结出一套成长阶段的企业建立人才晋升机制的方法，供企业管理者参考。

晋升机制框架设计涵盖"四个一",我把它叫作"四件套",分别包括一套晋升理念、一套晋升标准、一套晋升流程和一套晋升项目管理办法,如下图所示。

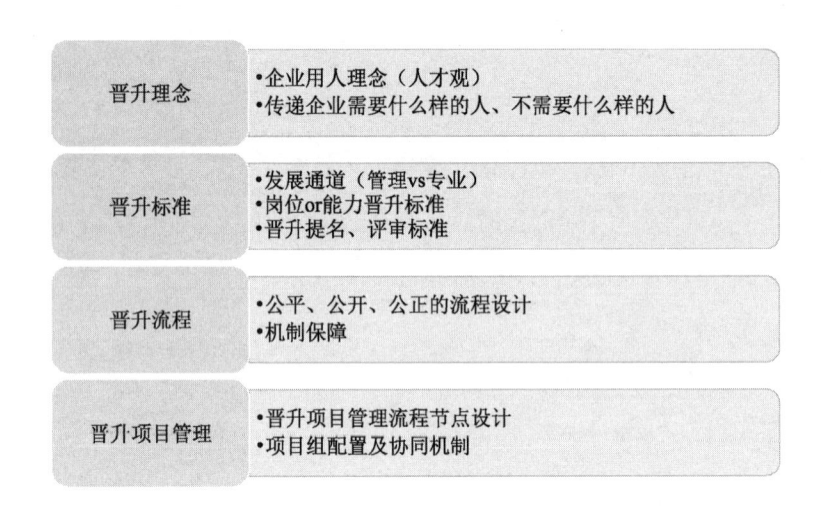

晋升理念	・企业用人理念(人才观) ・传递企业需要什么样的人、不需要什么样的人
晋升标准	・发展通道(管理vs专业) ・岗位or能力晋升标准 ・晋升提名、评审标准
晋升流程	・公平、公开、公正的流程设计 ・机制保障
晋升项目管理	・晋升项目管理流程节点设计 ・项目组配置及协同机制

1. 晋升理念

企业做晋升,一定要有明确的晋升理念。这个理念背后其实就是这家公司的人才观。公司希望用什么样的人、提拔重用什么样的人,就是要通过晋升理念明确地传递出来。比如:有的公司提出有才有德破格录用,有才无德限制使用,有德无才培养使用。华为提倡以奋斗者为本,阿里巴巴提倡的是晋升而不是升官发财,晋升要承担更大的职责和满足更高的要求等,这些其实都是在给员工传递这家公司的人才观——公司需要什么样的人、不需要什么样的人。因此,在做晋升设计之初,公司应明确晋升理念,管理层应达成共识,最终向员工传递清楚。

2. 晋升标准

晋升标准分为两层,第一层是具备什么样的资格可以成为晋升候选人,也叫晋升候选人资格;第二层是晋升候选人具备什么样的条件、满足什么要求可以在晋升评审中成功晋升。这两者都属于晋升标准范畴。

评估晋升候选人资格，可以从专业背景、工作年限、绩效产出、在岗时长、品德评价等方面进行，晋升评审的标准包括专业能力、管理水平、业绩产出等。在对候选人进行晋升评审时，综合考察候选人的专业/管理能力的提升、岗位职责的变化、管理的复杂度等因素。阿里巴巴在设计晋升候选人资格时选用以下几点。

- 绩效：候选人绩效必须符合3.75（高绩效）及以上才能被提名晋升。
- 潜力：主管评估员工的综合潜力水平，确定员工成长发展的速度和空间，候选人潜力评估结果必须为高潜力。
- 本层级时长：阿里巴巴认为一个人在专业上的积累需要特定的时间，所以晋升时会考察员工在当前层级的时间长短，以此判断是否符合专业成长要求。
- 司龄：即加入公司时间长短，原则上加入公司一年及以上可以被提名晋升。
- 是否违纪：阿里巴巴对员工违反公司规章制度比较重视，有二类违规记录的，一年内不允许提名晋升，有三类违规记录的，原则上一年内不允许提名晋升。如果想要破例，必须走特殊审批通道。

那么，公司基于什么样的核心评价标准去做晋升呢？目前在业界有两种常用的做法。第一种做法是以华为为代表的岗位体系对应的人员晋升。华为有岗位级别和个人职级两套级别体系，强调人岗匹配。个人职级的提升是个人的专业成长诉求，公司只为员工岗位职责扩大及更多岗位贡献对应的新岗位买单。员工真正意义上的晋升，只有在公司有新岗位空缺出来，且自己的专业职级达到匹配标准，并经过晋升面试评审且通过，才能在新岗位上岗。这时员工个人的晋升其实更多的是强调岗位职责的变化和岗位贡献的变化。

第二种做法是以阿里巴巴为代表的互联网公司。因为赶上了互联网高速成长和公司业务飞速扩张，员工个人的岗位职责和岗位贡献度没有清晰和明确的评估标准，更多的是依靠业务快速增长，促使个人的能力得到提升。员工的能力得到提升，公司会赋予员工更高的层级、更大的职责。这时整个晋升体系更多的是个人能力提升带来的晋升机制。

在公司设计晋升机制的时候，企业管理者或人力资源部门要想清楚应该基于什么样的底层逻辑来去设计晋升的标准。

3. 晋升流程

多数企业的晋升流程可分为 4 个步骤：提名、评审、审批、公布结果，如下图所示。

提名 ➡ 评审 ➡ 审批 ➡ 公布结果

晋升提名需要考虑提名的方式、资格和破格提名的规则；评审应考虑以何种形式进行，是面试还是非面试，如果是面试，面试官怎么选、数量有几个、投票结果怎么计算；审批是对评审结果的确认，不同的候选人对应的审批确认流程可以不同；最终晋升结果的公布，应该充分考虑晋升成功候选人的标杆示范作用，也要考虑晋升失败人员的心理建设和后续成长辅导。

晋升流程设计，需要兼顾"公平与效率"，让规则制约人性。下面一起看看阿里巴巴在 10 多年前设计并不断迭代的晋升流程和晋升规则。晋升的主体流程采用了上面描述的 4 步骤，但在每一个步骤上均设置了不同的规则来约束管理行为。

（1）提名。

提名环节必须考虑 3 个核心内容：提名资格、提名方式和出现特例的处理方式。提名方式分为员工自主提名和主管提名两种方式。其中，员工自主提名对绩效要求更高，必须达到绩效 3.75（高绩效）及以上，主管提名对候选人的绩效要求可以放宽至 3.5（中等绩效）及以上。这个规则设计表达的管理思想是：员工有表达自我发展、想要晋升的权利，公司应当赋予员工这一权利和空间，但想要晋升必须有高绩效产出，才能预测未来的潜力空间。而主管可以更加全面地评估员工，即使当下绩效产出不是最高档，考虑到发展潜力、职责扩大等因素，可以在中等绩效的基础上提名员工晋升。提名资格审核包括：绩效、综合潜力、司龄、本层级时长和违纪共 5 项内容。大多数层级的晋升资格是：高绩效、高潜力、司龄满 1 年、本层级时长满 1 年、无任何违纪。

一旦出现候选人不满足提名资格却又被提名的情况，则将其归入"破格提名"范畴。例如：候选人刚加入公司 10 个月，不满足司龄 1 年的要求，这时主管因为员工表现优异提名他晋升到更高层级。遇到破格提名的情形，公司设置了统一特殊的审批流程，即集团各个事业部出现破格提名时，必须经过事业部总裁和事业部人力资源负责人的审批同意才能进入候选人池，流程才能得以继续往下走。年度晋升方案中对年度晋升启动时间点有说明，一般设置两周作为晋升提名周期，两周时间一到，晋升提名入口关闭，不再接受提名。

（2）评审。

评审是对候选人能否通过晋升进行审核的过程。在阿里巴巴，根据不同的级别设置不同的评审方式。原则上，晋升至 M2P7（经理/专家）及以下，采用资料评审的方式，评审人由候选人主管、候选人二级主管（主管的主管）、候选人的 HR BP 三人合议，阿里巴巴内部叫 one over one plus HR。晋升至 M3P8（高级经理/高级专家）及以上，采用面试评审的方式。面试评委一般由主管给出建议，由面试评审秘书长选择评委人选，评委人选来自各个专业领域的高阶管理者、资深专家和行业大拿等。为了确保面试评审的客观性和公平性，面试 M3P8 的评委必须有一人跨事业部（来自非本事业部的外部评委），而面试 M4P9 的评委必须有一人跨事业群（来自非本事业群的外部评委），确保评委视角的客观，同时也是用不同的视角审视候选人的专业度。

评委人数为单数，M2P7 候选人评委人数为 3 人（原则上不建议安排面试，有些事业部可以申请调整规则改为面试评审），M3P8 及以上候选人评委人数为 5 人。对于评委投票结果的约定如下：M2P7 面试结果必须全票通过，即 3 名评委全票通过，只要有 1 人反对，即为面试不通过；M3P8 及以上面试结果为 4∶1，即支持票至少有 4 票，否则视为面试评审不通过，5 名评委有 4 人支持、1 人反对或有 5 人支持、0 人反对，视为面试通过。面试结果对最终晋升通过与否产生直接影响，所有面试评审结果记录在案，跟随候选人晋升档案随流程进入下一个审批环节。

(3) 审批。

审批是对候选人评审结果进行最终确认，审批通过则晋升结果为通过，审批不通过则晋升结果为不通过。在审批晋升结果之前，先由各部门、事业部内部对所有候选人的评审结果进行内部"通晒"。通晒的最大价值在于拉起水位。比如，有些部门破格提名多人，这时部门负责人就要站出来进行理由陈述，说服所有人。如果不能说服所有人，那就需要回去调整候选人名单；另一种情况是晋升到同一个层级的候选人，各部门拿出来"晒一晒"，看候选人水平是否接近，如果候选人水平差距过大，对提名所在部门负责人来说是一个很大的挑战。

晋升是企业选拔人才的管理行为，因此事业部总裁是有最终决定权的，即便候选人的面试评审票数不符合条件，例如：支持票少于反对票，根据这条线业务开拓的需要，以及团队管理的需要，管理者可以"力排众议"打破规则予以晋升。在阿里巴巴快速发展的早期，每年都会出现这种案例。直到后面这些年，随着公司进入成熟阶段，人们对流程和规则的重视程度超出了业务发展的需求，打破规则的特例越来越少。

(4) 公布结果。

公布结果不是简单地将晋升是否通过的结论告诉员工。晋升除了体现组织对员工的肯定和认可，还是一个很好的帮助员工个人成长的机会。晋升从提名到准备述职资料，再到面试评委们互动提问，很多节点都在总结员工过去的成长经历、专业上的积累和未来的发展机会，尤其是来自不同部门的内外部评委，他们大多是管理资历很深、很有专业建树的大拿。评委对候选人的点评和建议，对候选人的成长和发展有很好的助推作用。因此，在阿里巴巴的晋升结果公布环节，候选人的主管和HR必须和候选人就晋升结果进行沟通和谈话，其中必须覆盖的内容就是在晋升面试等多个环节收集到的不同视角的人对候选人的成长建议。

晋升流程的最后是对晋升结果的汇报，晋升通过的候选人会收到相关邮件，晋升信息会流转到薪酬部门和负责信息系统的IT部门，薪酬部门进行相应的晋升调薪、晋升股权发放。IT部门负责更新员工的个人信息，包括晋升后的岗位、职级和职位信息。整个晋升流程到此结束，概括如下图所示。

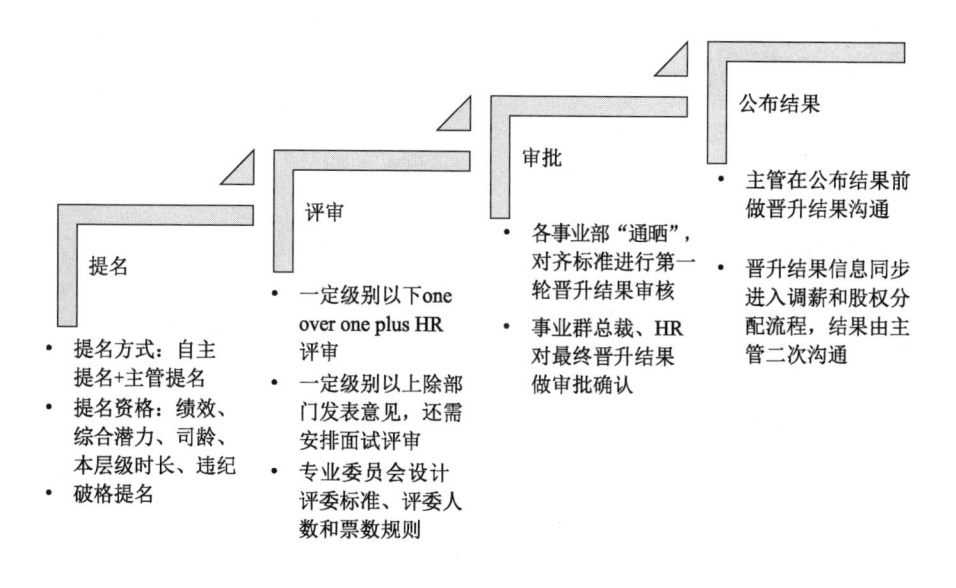

第四章 成长阶段的企业管理体系建设

提名

- 提名方式：自主提名+主管提名
- 提名资格：绩效、综合潜力、司龄、本层级时长、违纪
- 破格提名

评审

- 一定级别以下 one over one plus HR 评审
- 一定级别以上除部门发表意见，还需安排面试评审
- 专业委员会设计评委标准、评委人数和票数规则

审批

- 各事业部"通晒"，对齐标准进行第一轮晋升结果审核
- 事业群总裁、HR 对最终晋升结果做审批确认

公布结果

- 主管在公布结果前做晋升结果沟通
- 晋升结果信息同步进入调薪和股权分配流程，结果由主管二次沟通

4. 晋升项目管理

根据多年负责晋升项目的经验，我总结出企业做晋升项目管理的 7 大步骤。

第一步：制订年度人才发展规划

年度人才发展规划是人力资源部门的必备功课，在战略规划阶段需要形成业务和组织大图，对组织策略、人才策略、文化策略等多个方面进行规划和设计。例如：组织和人才盘点聚焦在为实现业务目标而进行人才发展规划，包括人员结构优化、人才储备、外部引进、内部晋升选拔和人才培养等方面。晋升规划属于人才规划的一部分，先有整体的人才规划，才有晋升规划。有时候会出现组织在某个特定阶段缺失某种特殊能力的情况，这种能力依靠内部人才晋升选拔和培养，在短期内无法弥补，必须通过外部招聘高端人才来补齐短板，这时的人才规划就应该聚焦在外部招聘上，内部晋升可以等一等。

第二步：制订晋升规划

晋升规划由负责晋升项目的人力资源部门根据年度人才发展规划进行编写。晋升规划核心内容包括：晋升的背景和目的、晋升覆盖的对象（包括部门、岗位等），以及晋升的标准和资格、晋升通道设计、晋升的时间安排、晋升的流程设计、晋升的沟通反馈机制等方面。

第三步：设计晋升方案

晋升方案是一次具体实施的晋升计划和工作安排。按照时间和业务节奏可以将晋升分为年度晋升和特殊晋升，按照人群可以将晋升分为普通员工晋升和特定管理干部晋升。对不同类型的晋升应设计不同的实施方案。晋升方案一般包括：晋升理念、晋升流程、晋升规则、晋升时间节奏、项目组构成等内容。

第四步：晋升方案沟通宣讲

晋升方案宣讲必须覆盖两类关键人群，一是管理者，一是全体员工。管理者是实施晋升的关键人物，管理层对晋升方案认可与否对晋升项目能否顺利推行至关重要。因此，晋升方案宣讲搭建了一个与管理者沟通的桥梁和通道，通过沟通对焦不断打磨方案。全体员工是晋升方案的"受益者"，要让广大员工切身感受到晋升是企业为了员工个人发展搭建的平台和成长通道，可以充分体现公平、公正、公开。

为了确保晋升方案宣讲和后期晋升项目落地实施，建议晋升项目组由人力资源部门牵头担任项目负责人（PM），从各部门抽调人员担任项目组成员，提升各个部门的参与感。

第五步：晋升流程启动及过程管理

宣讲晋升方案后就可以正式启动晋升流程，不论企业采用的是线下收集信息的方式还是利用线上系统收集信息的方式，都应该对晋升流程的各环节和流程节点给予关注，进行阶段性总结。项目组可以就提名、评审、审批这3个过程节点收集信息、整理数据，呈现过程数据，一旦发现过程中有异常，例如：某个部门出现"破格提名"，或者面试评审票数异常仍旧通过晋升评审，应当及时预警，避免事后管理。

第六步：晋升项目复盘

项目复盘是针对晋升过程和结果进行的总结分析，发现问题、分析问题并为解决问题提供方案和建议。复盘晋升项目是为了确保晋升的理念、流程、规则等执行到位，确保通过晋升项目为企业选拔到人才。

第七步：晋升后人员的培养和发展

晋升后对晋升通过人员的培养发展，以及对晋升未通过人员的跟进辅导，往往被大多数企业忽略。晋升不是跑完流程就结束，通过晋升选拔人才，目的是让他们承担更大的责任，带来更好的价值贡献。为了实现这个目标，组织必须提供舞台和机会，当个人能力欠缺时，还应该提供及时的辅导，帮助他们成长。对于未通过晋升的人，鼓舞士气、肯定成长是重点。能够被提名晋升，本身已经是一种"成长"和"被认可"，最终晋升未能通过可能是自身能力还不能达到更高级别的要求，可能和其他人横向对比还有一定的差距，还有可能是当下组织还没有舞台和机会可以给候选人去发挥，不能因为一次晋升失败而否定自己，应该把目光放在未来，继续深耕业务，继续沉淀自我。

结果导向的育人机制

人才培养是每家企业都必须面对的管理课题。很多成长阶段的企业，员工如流水，来来去去，始终留不住人才。留不住人的原因有很多，比如企业缺乏系统的人才培养体系，导致员工在公司工作期间个人能力得不到提升，没有积累和沉淀；或者在薪酬待遇方面没有竞争力。

搭建培训体系

成长阶段的企业搭建培训体系非常容易。我从进入人力资源领域开始，就从培训模块入手。我对培训体系的了解非常深入，搭建培训体系只需3个要素：培训内容、培训师资和培训管理，现在我把它们总结成"三角形培训体系"，如下图所示。

○ 企业生命周期新纪元：组织人才与创新、数字化

```
            培训管理

      培训内容       培训师资
```

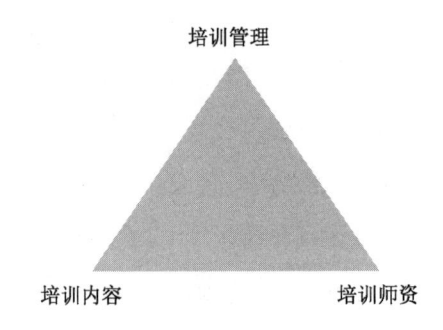

培训内容以课程为主，但可以不局限于课程，可以是管理案例、研讨会、训练营等其他形式。培训师资就是实施培训的讲师，并非只有专家、学者才能做讲师，具有特定领域经验的人都可以分享其经验，一般以内部讲师为主，以外部讲师为辅。培训管理则是结合企业的需求，将培训内容和培训讲师有效地融合并落地实施，最终拿到预期结果的一套流程制度和管理办法。

大多数企业会根据不同的人群来划分培训内容，并将人群、培训内容和培训师资组成一张二维表，如下表所示。

人群	培训内容	培训师资
新员工	公司发展史、企业文化、公司组织架构及业务流程、部门业务和产品说明、岗前必备知识点……	创始人、高管、人力资源部门负责人、老员工
新晋管理者	管理者角色与认知、目标制定与分解、高效会议技巧、招聘与团队建设……	高阶管理者、外部专家讲师
专业领域员工	产品经理十大技能、敏捷开发、用户调研方法……	资深员工、外部专家讲师

还可以根据工作场景来划分培训内容，将场景、培训内容和培训师资组成一张二维表，如下表所示。

场景	培训内容	培训师资
年度经营规划	行业、竞争对手分析； 公司财报信息分享； ……	创始人、投资人、 财务负责人
新产品上线	产品功能分享； 竞品分析及销售卖点； ……	产品经理和 销售
年度人才盘点	人才盘点内容及流程	人力资源负责人

不论是根据人群划分，还是根据场景划分，都是为了将企业内部需要组织培训的内容和讲师进行有效的组合。而培训管理则是有效组合这两种核心资源的方法和工具，体现培训课程列表、内部讲师库、讲师管理办法、培训需求调研、培训流程实施细则、培训效果评估等一系列确保培训效果的流程、制度和管理办法。企业只要抓住了培训内容和培训师资这两个核心要素，就可以轻松构建培训体系。

接下来我用提供咨询服务的项目中有关培训体系建设和人才培养的两个实际案例，为大家呈现成长阶段的中小企业如何快速搭建体系、培养人才。这两个案例，一个落脚点在新人，一个落脚点在管理者，对于这两种人群的培养思路，可以参考下图。

新人培养
- 企业文化的共鸣
- 关注融入和落地
- 指定师兄

管理者培养
- 关注管理能力提升的培养
- 内部成熟管理分享
- 外部高人分享

新人培养

注意：这里我用的是"新人培养"的叫法，而不是"新人培训"。很多公司并不缺乏对新人的培训，但缺少了对新人进入部门后对公司文化、团队氛围、工作内容、工作要求等方面适应程度的关注。企业更应该把关注点放在新人的落地上，"三分靠培训，七分靠落地"说的就是这个道理。新人培养更加关注新人落地的培养方案设计。

我提供咨询服务的这家公司，新人培训只有区区几门"陈旧"的公司介绍课程，最近一年新人入职后连基本的公司介绍都没有坚持授课培训。新人加入公司后直接到部门上岗。因此员工在接受访谈调研时，对于"是否接受过相关培训"这一问题的回复口径非常一致。对此我给出两步走的解决建议：一是重新梳理公司的入司培训课程内容，形成固定的几门课程，并指定专人担任讲师，每门课最少有两名讲师，一名主讲，另一名备用；二是人力资源部门协助各部门负责人制订新人落地培养计划，包括指定师兄、明确岗前培训内容、阶段性评估培训和落地效果，由人力资源部门牵头负责整个新人落地培养方案的实施监督。

下表就是以新人入职前后的时间轴为顺序，将公司、部门在新人培训落地上的管理动作标准化的综合呈现。

时间	管理动作
入职前	1. 通知主管/HR 新人入职报到的时间 2. 主管为新人指定师兄 3. 通知行政和 IT 部门准备新人入职所需的工位、办公用品、计算机设备 4. 通知 IT 部门准备各种入职手续
入职当天	1. 上午半天办理入职手续，HR 接人并送入部门交接给主管 2. 向新人发送学习地图（在试用期内应该学习的内容和学习的路径） 3. 向师兄发送师兄手册（如何带教新人） 4. 向主管发送新人落地培养路径及新人管理要求
入职一周	1. 师兄辅导新人进行岗前学习 2. 主管同新人沟通，明确岗位职责、工作要求、试用期考核指标
入职一个月	1. 主管协调安排新人参加入职培训 2. 新人入职培训反馈调研 3. 师兄辅导，员工自学 4. 主管做阶段性跟进沟通

续表

时间	管理动作
入职三个月	1. 主管完成试用期绩效沟通及考核，完成转正 2. 师兄完成阶段性辅导 3. 新人对师兄的反馈调研
入职半年	1. 新人培训回炉 2. 新人整体感受度反馈调研

经过3个月的试用，新人在入职体验上明显好转，公司也因此沉淀出一套新人培训课程、师资队伍，新人培训及落地的人才培养机制逐步成型并开始发挥作用。

管理者培养

处于成长阶段的企业，管理开始分层，中层管理者和基层管理者开始承担带团队拿业绩的责任。由于平时忙于完成业绩指标，加上公司缺少管理人员培养机制和体系，因此中、基层管理人员的培养很容易被忽视。事实上，从员工角度来看，中、基层管理者也是员工，他们自身也存在成长发展诉求，也需要被关注、被提升；从公司角度来看，花时间和精力培训管理者，对公司的经营管理目标一定有正向帮助。这家公司的管理者培养项目就是在这样的背景下诞生的。为此，我和管理层一起制订培养方案，之所以共同制订，是为了让管理层有更多的参与感和主人翁感。因为发展诉求是自己提出的，方案又是自己参与设计的，所以根本不用担心后面项目落地实施、参加培训课程时的积极性。

这个项目附带的一项重要产出是通过调研对公司中级管理者的能力模型和岗位画像做了清晰的描述，公司过去从来没有对管理者提出标准的能力要求，通过项目组的访谈、分析和提炼，最终确定了第一版中层管理者能力模型，如下表所示。

⊃ 企业生命周期新纪元：组织人才与创新、数字化

管理级别	现有岗位	能力项	定义描述
中层	副总监、经理、主任	专业能力	了解培训行业前瞻性知识和比例，能够准确理解客户需求，并集结公司资源提供适合的产品/方案，满足客户需求并达成合作（业务团队）； 了解培训行业前瞻性知识和比例，能够准确理解客户需求，并传递给团队理解接受，转化为产品和服务，最终满足客户需求（产品及支持团队）
		团队管理	管人：系统制定人才梯队搭建策略，多维度培养人才，同时注重自我成长，努力成为团队中的榜样； 管事：系统思考事情的轻重缓急，做好风险预警、紧急预案及过程管理、目标管理，带领团队拿到高绩效
		战略执行	全面分析问题、抓住问题的关键要素，提出系统性解决方案并制订行动计划
		沟通协作	通过了解公司各部门业务情况及工作关联，善于协同统筹内外部资源，对其他部门的协同具有主动性，通过沟通协同，推动目标达成
		创新思维	支持、鼓励团队创新，并在组织内进行落地推广

项目共创的培养方案如下图所示。

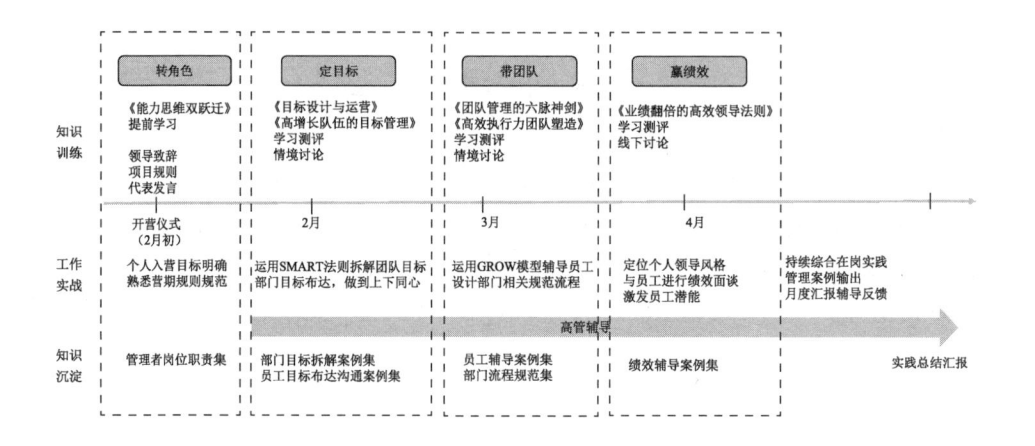

	转角色	定目标	带团队	赢绩效	
知识训练	《能力思维双跃迁》提前学习 领导致辞 项目规则 代表发言	《目标设计与运营》 《高增长队伍的目标管理》 学习测评 情境讨论	《团队管理的六脉神剑》 《高效执行力团队塑造》 学习测评 情境讨论	《业绩翻倍的高效领导法则》 学习测评 线下讨论	
	开营仪式（2月初）	2月	3月	4月	
工作实战	个人入营目标明确 熟悉营期规则规范	运用SMART法则拆解团队目标 部门目标布达，做到上下同心	运用GROW模型辅导员工 设计部门相关规范流程	定位个人领导风格 与员工进行绩效面谈 激发员工潜能	持续综合在岗实践 管理案例输出 月度汇报辅导反馈
			高管辅导		
知识沉淀	管理者岗位职责集	部门目标拆解案例集 员工目标布达沟通案例集	员工辅导案例集 部门流程规范集	绩效辅导案例集	实践总结汇报

这个管理者培养方案有以下几大特点。

（1）整个培养方案的设计思想就是"训战结合"，不仅上课，还要结合工作中真实的时间节奏和管理场景，检验学习效果。

（2）结合中层管理者能力模型和现有管理者的能力评估结果，有针对性地选择市场上比较受欢迎的培训课程，缺什么补什么。

（3）每次培训结束之后，班主任布置课后作业，下一次培训课程开始之前进行作业讨论。作业来自企业经营管理中的真实场景和难题，一边培训一边解决公司难题。

（4）高管团队变身导师，加入各学习小组，为学员们答疑解惑。既提高了学习的积极性和主动性，又为不同层级的管理者创造了交流机会，还可以帮助中层管理者解决问题，提供实打实的资源和帮助。

我作为项目顾问陪跑了整个项目，几个月下来，参加培养项目的中层管理者边学习边实践，收获颇丰。有学员反馈说这是她加入公司以来，第一次系统完整地参加完一个培训项目，各小组的讨论帮助她解决了很多团队管理中的难题，对自己的成长帮助很大。为了最大化提升项目效果，我督促项目组将每次讨论过程中大家提出的管理案例和建议解决方案沉淀下来，形成公司自己的管理案例库，为将来新的管理干部培养提供素材。

以战养兵的用人机制

我刚进入职场时，有一个主管对我说过一句话，至今记忆深刻。他说："年轻人在工作中不要死记硬背，要在干中学、学中干。"他的话体现了企业用人的思想和方法。最近几年，很多公司提倡"以战养兵"，就是指在实战中去发现人、培养人、锻炼人。这里以我的真实经历来诠释什么是以战养兵，以及怎么做到以战养兵。总结下来就是十六字箴言：我说你听、我做你看、你说我听、你做我看。

2015年，我转岗到阿里巴巴集团之后接的第二个项目就是编写整个集团2014年度《组织和人才盘点报告》，并且持续做了3年。大家可不要小看这份报告，2015到2017年这3年，每年这份报告都要在总裁会上向所有业务总裁汇报，包括通过对整个

○ 企业生命周期新纪元：组织人才与创新、数字化

集团组织和人才的诊断，发现了哪些问题，以及解决这些问题的建议和解决方案。因此，这是一份非常有分量、含金量很高的报告。

1. 你说我听

那么，这个报告要怎么做呢？因为我刚转岗到集团，开始组织发展团队，所以很庆幸自己获得这个难得的锻炼机会。当时我的主管跟我说："今年你来牵头负责这个报告的撰写，我从旁支持。"当时我心中忐忑不安，因为从来没有做过，不知道从哪里开始干。那么，我的主管是怎么一步步实施她的"用人计划"的呢？

首先，她把过去历年关于组织诊断和人才盘点方面的主题罗列出来，分多次跟我讲解这些诊断分析的业务背景、分析思路、报告框架设计等。

其次，她把在这方面有经验的或者负责编写某分析报告的人等信息告诉我，让我找他们做经验访谈，汲取成功的经验并总结教训。比如，当时为什么如此设计报告结构？当时为什么用这个数据呈现观点？背后的原因和思考是什么？我开始深入思考，并且开始构建一些框架，有了思路和雏形。

最后，主管跟我梳理了2014年度集团的业务完成情况、2015年新的业务和组织目标，通过分析业务和组织大图圈定当下组织的关注点。那一年我们确定了两个核心关注点：第一，组织要年轻化；第二，因为要使业务国际化，所以整个组织和人才也应开始沉淀国际化能力，走国际化路线。基于这两点，她跟我初步确定2015年的集团组织诊断报告的框架。上面这几个管理动作，基本上都是我的主管说我听。

2. 你做我看

有了第一阶段的工作做铺垫，接下来主管开始拉队伍，成立项目组。这个项目组不仅只有一个职能团队，还包括人力资源的招聘、培训、绩效、企业文化、行政、IT等，几乎所有跟组织诊断和盘点相关的职能部门，全部组织起来进入项目组。主管带着我跟大家召开了第一次项目组会，即项目启动会。在项目启动会上，正式把我家介绍给所有人，并宣布由我来负责今年报告的撰写，希望大家配合我。

在这个阶段，她牵头成立项目组并召开第一次项目组会议，通过"打样"让我学习怎样跟项目组沟通，以及怎样用更好的方式让大家协同作战。

3. 我说你听

接下来进入"做"的阶段。我在历年盘点报告的基础上，结合 2015 年度组织关注的重点方向和内容，带着我的项目组去做头脑风暴，整理出以下问题：组织的管理层会用哪些数据去分析和验证？还有哪些数据可以挖掘出新的诊断分析方向？高管层提出的一些管理感知如何通过数据佐证？数据分析结论跟管理者的感知是不是匹配？如果不匹配，通过数据分析结论得出的新的观点是什么？这个观点该如何呈现？等等。

这一系列问题需要通过项目组的头脑风暴总结出来，并且我需要将这些结论向我的主管汇报。这时候体现的是我说我的主管听，我要把头脑中形成的报告框架、分析思路、数据来源等方方面面讲给我的主管听，由她判断并"去伪存真"。

4. 我做你看

确定了报告框架和分析思路，接下来就可以开始撰写报告了。项目组要对报告的观点、数据做一轮又一轮的校验，确保准确、客观和真实。在撰写报告的过程中，完全由我来主导，主管是不参与的，她只负责在旁边做一些技术性的指导。直到最终报告定稿，她会来到定稿汇报会，听取项目的汇报并决定报告是否可以定稿。这个步骤就是我做而我的主管看。

在"你说我听、你做我看、我说你听、我做你看"这十六字箴言的指导下，我圆满完成了主管交办的这个任务，最终报告的质量也得到了高层认可，报告中呈现出来的一些新观点、新发现，并由此引发的管理改进至今仍影响着阿里巴巴集团。这里用一张图说明这个项目是如何体现这十六字箴言的。

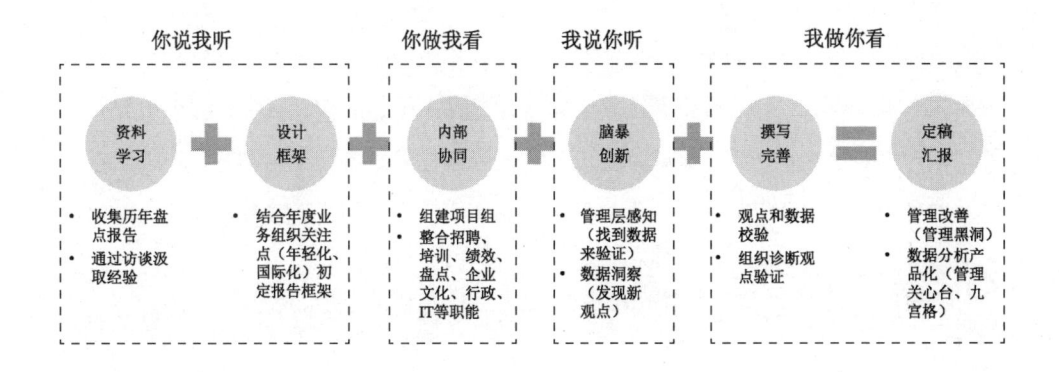

你说我听	你做我看	我说你听	我做你看
资料学习 + 设计框架	内部协同	脑暴创新	撰写完善 = 定稿汇报
• 收集历年盘点报告 • 通过访谈汲取经验	• 结合年度业务组织关注点（年轻化、国际化）初定报告框架	• 组建项目组 • 整合招聘、培训、绩效、盘点、企业文化、行政、IT等职能	• 管理层感知（找到数据来验证） • 数据洞察（发现新观点）	• 观点和数据校验 • 组织诊断观点验证	• 管理改善（管理黑洞） • 数据分析产品化（管理关心台、九宫格）

软性为主的激励机制

每家公司都会制定激励机制,从激励的周期来划分,可以将激励机制分为短期激励、中期激励和长期激励。

- 短期激励:工资、提成收入。
- 中期激励:奖金、分红。
- 长期激励:股票、期权。

工资和奖金最直接,很多成长阶段的企业不具备做股票、期权这种长期激励的条件,因此企业要根据自身的实际情况设计激励机制。实际上,除了上面按照激励周期分类的方式,还有一种有效分类,即硬激励和软激励。不论是短期激励,还是中、长期激励,都属于硬激励范畴,因为它们都偏物质激励,而软激励则很好地弥补了企业对人性需求的满足。

马斯洛需求理论告诉我们,越是底层的需求越"硬",越是高层的需求越"软",企业员工亦如此。在解决了基本的生存和发展需求之后,员工就会更加注重个人价值的实现。企业应该顺应这个需求,在内部通过形式多样的奖项设计来满足员工的软性需求,实现软激励。

2013年是支付宝快速发展的一年,彼时公司的战略方向定位为提升客户体验。时任支付宝CEO的阿里巴巴创始人彭蕾,将公司分量最重的"年度CEO大奖"颁发给客服中心一位在前台接电话的普通客服小二,这个毕业没多久的小女生仅加入支付宝工作一年多。彭蕾为什么决定把这个大奖颁给她呢?

客服小二很重要的一项工作就是接听客户打来的各种求助电话,并帮助客户解决他们的问题。当时她接到的求助电话是一个上了年纪的阿姨打来的。这个阿姨不太会用智能手机操作支付宝,账户被冻结,无法提取存在里面的钱。这个小女生用了两个月时间一直跟进这个客户。她除了上班的时候跟这位阿姨进行电话沟通,还主动把自己的工号、姓名、手机号码等个人信息告诉这个阿姨。一是让阿姨有安全感,不用担心被骗,二是担心阿姨下班时间找不到她。每当问题得到部分解决以后,她都会主动联系这个阿姨同步消息。即使下了班,只要事情有进展她都会联系阿姨。经过她的协调和努力,终于帮助这位阿姨解冻了账户,没有造成任何经济损失。与此同时,她把这个案例背后的账户风险防范规则上的漏洞,整理好发给风控和技术团队,优化了账户安全防范条例和产品功能。后来这位阿姨写来了一封长长的感谢信,又给她送来了一面锦旗。

CEO 之所以把大奖给了她,是因为她完美地展现了一名客户小二是如何尽心尽力帮助客户解决问题的。同时,身处收集客户体验反馈的最前线,她还能够将流程、规则和产品的缺陷协同内部各部门给予解决,完美地践行了公司提升客户体验的业务战略。这名客服小二在 CEO 大奖的加持下备受鼓舞,一路前行,现在已经成长为一名中层管理者,手下带着 10 多个人一起做服务,继续做着提升客户体验的工作。

这个案例便是企业通过奖项设计激励员工的典型代表。这种通过奖项来实现软激励的方式,应该成为企业管理者管理团队的常用方法,因为它符合人性。我们常说做管理要懂人性,一般来说,70 后员工是靠责任来驱动的,你跟他讲责任感、讲价值,他其实是能够为此买单,并愿意为责任感、价值感去付出的。80 后员工则对物质奖励比较敏感和认可,因此对 80 后员工可以用这种方式来激励。而 90 后甚至 95 后员工,偏向于价值驱动,以及自我成长的成就感驱动,因此使用软激励的方式能够很好激励眼下职场中的 90 后和 95 后员工。

管理者在设计软激励奖项时,需要注意两点。

(1) 奖项设计要注重时效。

很多公司在年底召开全员大会时都会设计各种奖项,这种做法很有必要。但并不是只有年底才能评奖。在平时也可以设计奖项,季度奖、月度奖甚至周奖励都可以。销售团队就经常设置"周销冠""月度销冠""季度销冠"等。

(2) 奖项设计要分层。

分层是指按照公司、部门、团队/小组这种思路设计奖项。部门和团队管理者要善用手上的资源,即时给团队小伙伴们设计奖项激励,没必要等年底公司进行奖项评比。

第五章　成熟阶段的企业如何激发活力

企业的销售业绩持续增长，市场规模不断扩大，市场占有率表现优异，产品利润稳定，各方面迹象表明企业正朝着好的方向发展，这时候企业便进入了成熟阶段。在成熟阶段，企业面临的最大挑战就是活力下降，主要原因在于创业精神正在逐步消退，尤其是创始人及创始团队已经没有了当初创业阶段的那股干劲，甚至开始考虑怎样退出，有的在寻找新的创业机会，有的开始把时间和精力放在其他个人兴趣爱好上面。

与此同时，由于外部市场逐渐趋于饱和、用户黏性下降，加上企业内部的效能逐渐下降，而各种隐形成本逐步增加，企业的业绩虽然不错，但是利润没有增长，反而呈下降趋势，因此成熟阶段的企业应当关注如何保持和激发企业的活力，找到新的业绩增长点，实现企业的业绩持续、稳定增长。同时，还应该提升组织效能，降低组织内的管理成本，在业绩增长的同时实现利润稳步增长。

第五章 成熟阶段的企业如何激发活力

第一节 创业精神缺失的源头

创业精神的缺失，可以从4个方面入手分析，找到其中的缘由：领导者的风格、领导者的心理年龄、相对市场份额和组织结构。

领导者的风格

领导者的风格可以细分为4类：使命愿景驱动、结果驱动、管理和流程驱动，以及资源整合。

以使命愿景驱动为主的领导者可以保持创业精神。创业阶段的领导者一定是以使命愿景驱动的，否则企业就无法存活，很多时候创始人在遇到各种困难和挑战时，支撑他继续走下去的就是心中那份使命感，那种对美好愿景的向往。到了成长阶段，企业快速扩张，领导者是以结果驱动的，不论是在创始人身上，还是在管理团队身上，都体现得淋漓尽致。当企业走到成熟阶段后，企业的业绩逐步稳定，管理体系趋于成熟，领导者开始转为以管理和流程驱动，或者以资源整合为主，少了创业阶段和成长阶段的使命愿景和目标结果驱动，容易满足现状，从而导致企业活力下降。

华为的领导者任正非就是一位典型的以使命愿景驱动的创始人和管理者，华为始终保持着创业精神,强调以客户为中心,以奋斗为本。带领微软走出困境的萨提亚·纳德拉身上也始终保持着以使命愿景驱动为主的领导风格。

阿里云的多位领导者的风格也不尽相同。阿里云刚成立时,由王坚博士来负责。他的领导风格属于典型的使命愿景驱动类型,当时人们还不明白什么是云和云计算,他一直在向人们科普大数据和云计算,分享阿里云能够解决的企业问题和社会问题。

阿里云的第二任一号位是胡晓明(孙权),他的领导风格属于复合型,既有使命愿景驱动风格,又有结果驱动风格。因此,展现在社会大众面前的是接近三位数的业绩增长速度。如果没有结果驱动这样的领导者风格来推动阿里云的发展,那么阿里云很难取得如此显著的业绩成果。

阿里云第三任一号位张建峰(行癫)和第四任一号位张勇(逍遥子)体现出了不同的管理风格,在他们两人身上,资源整合、管理和流程驱动的风格相对更明显。

处在成熟阶段的企业,如果其领导者不能够保持过去创业者身上所具备的使命愿景风格,那么这家企业的活力、创新及创业精神一定是走向下坡的。只有保持使命愿景驱动风格,才能促使成熟阶段的企业保持创业精神,防止企业走向衰退。

领导者的心理年龄

缺少变革的勇气是企业真正衰老的开始。随着年龄的增长,人的各项身体机能一定会走向衰退。但是,人的心理年龄并不一定会随着生理年龄的增长而增长。日本经营之神稻盛和夫在将近80岁时选择复出拯救日本航空,只用了400多天就使日本航空扭亏为盈。稻盛和夫的生理年龄并不足以支撑他做这样的组织变革,但是稻盛和夫的强大之处在于,他始终保持年轻的心态,具备创新、变革的勇气。

当一家企业的领导人缺乏变革的勇气时,可以说他的心理年龄已到了"高龄",他不再具备创新、变革的勇气和能力。当企业领导人的心理年龄进入"高龄"以后,企业必定会丧失创业精神,缺乏创新、变革的勇气和动力,缺乏对目标的渴望,导致企业遇到瓶颈裹足不前直至衰退。

相对市场份额

成熟阶段的企业应该关注相对市场份额。大家都知道阿里巴巴的主营业务是电商,而在2018年前后阿里巴巴的电商业务遇到拼多多的强力冲击。如果只看GMV或者只看一、二线城市的用户数量和市场占有率,那么淘宝、天猫可以"吊打"拼多多,但是拼多多很巧妙地用三、四线城市甚至五、六线城市的下沉市场作为切入口,占领这些地区后再向上逐步往一、二线城市渗透,这就叫相对市场份额。

成熟阶段的企业不能只看绝对市场份额,还应当关注相对市场份额。如果只看绝对市场份额,则容易让企业和管理者掉入自我满足的陷阱之中,只有同时关注相对市场份额,才能让企业更全面地发现自身的核心竞争优势和存在的不足,从而对症下药。正因为看到自身相对市场份额的劣势,阿里巴巴推出淘特业务来应对拼多多对下沉市场的占有率优势,不断挖掘新的业务机会和业绩增长点。

组织结构

企业的组织结构决定了自身对客户需求的感知和反应速度。进入成熟阶段的企业,内部管理体系、流程、制度趋于成熟,随之带来的就是"效率下降",俗称"大公司病"。企业对用户需求感知和用户体验感知的下降,直接导致这一阶段的企业逐渐减少对客户的关注,并导致企业走向衰退。体系的成熟度和效率水平、职能的完善度和用户感知水平,这就是两对此消彼长的因素和变量。

很多人喜欢去海底捞,不是菜品有多好吃,而是门店将服务和客户体验做到了极致。海底捞门店服务人员的权限很大,当消费者在用餐时对某个菜品或者门店服务不满意时,服务人员有权限给予优惠、赠送菜品甚至免单,以此来换取更好的用餐体验,从而提高消费者的黏性。京东在电商业务板块最核心的竞争力就是它的物流快递服务,和海底捞门店的服务人员一样,京东快递小哥也有相应的权限让他们在消费者使用快递服务时拥有非常好的用户体验。有一次,我通过京东平台购买的商品包装有破损,快递小哥在确认后立即给我办理了退换货处理,我不需要任何操作就可以坐等新商品第二天送货上门。

海底捞和京东在组织结构上做到了以用户体验为先，通过内部的管理流程、机制和制度来确保用户得到最大化满足。与此同时，不论是门店服务员，还是快递小哥，都是企业接收消费者需求最直接和有效的入口，通过这个入口可以不断提升和改善自身的产品及服务。因此，组织结构的有效性将直接影响企业对客户需求的感知和用户体验的提升。成熟阶段的企业要想保持活力，必须在自身组织结构的有效性上下功夫。

第二节　找到组织变革的契机

成熟阶段的企业面临的最大挑战就是随着组织内部各种管理体系的日渐成熟，组织效能和管理效率却在下降。通过变革重新激发组织的活力是解决这一问题最有效的途径。

下面为大家呈现阿里巴巴在成熟阶段的一次变革。这次变革发生在 2014—2015 年，也是我在阿里巴巴亲身经历过的，给我留下的印象最深，同时也是我认为最有效果和影响力的一次变革——E 表人财。

E 是英文单词 Electronic 的首字母，表示电子化、信息化。同时字母 E 和汉字"一"谐音，E 表即一表，一张表。"E 表人财"寓意"一张表看人和定回报"。

为什么会有 E 表人财

任何一次组织变革都有其特定的业务背景和历史条件，在 E 表人财诞生之前，恰逢阿里巴巴为应对公司上市调整内部的财年统计，由过去的自然年调整为"0401—0331"。即过去的财年是按照自然年 1 月 1 日到年底的 12 月 31 日，调整后变成每年 4 月 1 日至次年的 3 月 31 日。

在变革发生之前，集团内部人力资源的"业务节奏"是这样的：每年的 12 月到次年的 1 月，所有的管理人员和 HR 要一起做年度绩效考核；做完绩效考核之后，1 月到 2 月，要做公司几万人的年终奖发放、年度调薪，以及优秀人才的股权激励；接下来的 3 月到 4 月，集团需要启动组织和人才盘点工作；4 月到 5 月，又要开始启动年度人才晋升工作。

通过这个业务节奏可以发现，每年的 12 月一直延续到次年的 5 月，每个月都有与人力资源相关的工作，既与人才发展有关，又与每个人的切身利益回报有关，非常重要却又极其耗费时间和精力。当时很多管理者包括高层在内，不同的声音越来越多。他们认为一年当中有四五个月时间都在做 HR 要他们做的事情，自己的业务会受到影响，业务做不好，HR 所做的事情又有何价值？这些声音很真实，击中了痛点，也击中了人力资源职能部门的要害。于是，人力资源部门开始痛定思痛，探索新思路、新方法，以 E 表人财命名的这次组织变革应运而生。

E 表人财是什么

E 表人财的设计思想是"Total Review Total Reward"，即全面回顾、全面回报。E 表人财通过一张表实现员工过去一年的绩效考核、人才盘点、晋升、培训及发展这几个相互独立的人员管理场景的全面回顾，同时在这张表中，管理者可以对员工年度调薪、年终奖发放、股权激励进行人才全面回报。

E 表人财既是一种全新的组织进行人才管理的方法，也是一套全新的系统产品。E 表人财的业务逻辑是整合绩效、盘点、晋升、薪酬、股权等多个 HR 业务场景，最终落到系统产品上的一套新产品，并且 E 表人财和这些系统实现了管理操作打通、数据实时同步。

过去，需要在不同的时间点、不同的系统平台上进行人员管理操作和多次沟通对话，现在可以在同一个时间点、同一个产品页面上操作，只进行一次有效沟通。对员工来说更加聚焦，对管理者来说更加高效，对组织来说大大提升了工作效率和组织效能。

E表人财做什么

按照功能来分，E表人财有绩效考核、盘点、薪酬、股权四大模块，其中盘点又分为能力、潜力、发展意愿、岗位稀缺性、学习计划等，薪酬分为调薪和年度奖金。

1. 绩效考核

E表人财和绩效系统完全被打通，后台会自动抓取员工在绩效系统里录入的目标内容、评价结果等数据，并同步到E表人财系统页面上。员工可以自主决定已经同步到E表人财系统页面上的考核目标有哪些纳入个人年度考核范围，不重要或不能体现个人绩效产出的目标结果可以剔除。除了可以对既定的绩效目标进行选择，员工还可以在E表人财系统页面上直接添加新的绩效目标并进行结果评估。这样设计的初衷主要是因为年初制订的规划、目标随着时间推移会发生很多变化，员工有决定如何最大化展示个人绩效产出的权利。

在操作上，员工可以选择在绩效考核系统上进行个人年度绩效考核的评估，也可以选择直接在E表人财页面上进行评估打分，不论在哪里操作，数据都会自动同步到另一侧。从便利性角度来看，绝大多数员工都会选择直接在E表人财页面上进行个人年度绩效评估。

绩效评估操作分为员工自评和主管评估两部分，且以主管评估的结果为最终结果。当然，管理者要进行不同阶段的绩效沟通，对最终结果以"No Surprise"（不要惊喜&惊吓，做好日常对焦沟通）为目标。主管若对员工圈定的考核目标、评分结果有异议，可退回员工重新打分再次提交。

2. 能力

经过多年的沉淀，阿里巴巴集团对处于不同岗位、不同级别的员工都有一套成型的能力评估模型，这套模型叫"JM（Job Model）能力模型"。E表人财可以自动识别员工的职类、职级，从JM系统中提取岗位能力模型，请员工对多个能力项进行评估打分，分值为1~10分，对应不及格、及格、良好、优秀4档。

和绩效评估一样，能力项评分也分为员工自评和主管评估两部分。很多企业在对员工的岗位能力模型进行管理时，都会遇到比较头疼的问题，那就是这个模型内容准不准？能否真实客观地体现员工的工作情况？E表人财给出了一种全新的解题思路：E表人财支持员工对页面上展示的自己所在岗位的能力项进行删除、新增。当员工认为其中某些能力项已经不能准确描述当下自己岗位的能力要求时，便可以删除，给出原因说明即可。除此之外，员工还可以根据自身岗位的实际情况添加相应的能力项。主管也有同样的权限进行能力项修改。这是一种自下而上收集数据的思路，员工本人和主管是最清楚岗位的能力要求及变化的两个角色。在年度盘点中收集这方面信息，远比由人力资源部或者外部咨询顾问大费周章地访谈、萃取、加工生产新的能力模型更加高效、准确。

3. 潜力

潜力是阿里巴巴多年以来除绩效考核结果外另一项重要的人才评价维度，具体包括明日之星、高、中、低4类。其中，明日之星和高并称为"高潜人才"。潜力可以从发展空间和发展速度两个方面来评估。例如，某个员工在近1年内向上晋升一级，则属于高；近半年内就可以晋升一级或1年内可连升两级，则属于明日之星；近一两年内没有晋升可能，比较平稳，则属于中；近3年内看不到晋升趋势，则属于低。

绩效结果直接影响员工年度奖金的发放，而潜力则直接影响员工的股权激励结果。公司看重员工的长期发展趋势，股权激励同样注重长期激励。因此公司更愿意将股权激励给具有高潜发展趋势的员工，个人成长的同时享受公司发展带来的收益。

从组织管理视角出发，考虑到潜力评估和股权激励的绑定关系，潜力盘点只有主管评估，不设置员工自评。

4. 发展意愿

员工的发展意愿包括本岗位维持现状、扩大职责、想要晋升、轮岗等。当员工选择"想要晋升"选项时，便会向晋升系统发送一条消息，在晋升系统中产生晋升预提名的流程节点（晋升流程为：提名、评审、审批、结果公布），等待主管审批确认。

主管针对员工提交的发展意愿，可以做出相应的管理判断，针对员工的个人发展给出员工发展建议。根据员工的三类发展趋势——上升、维持、改进，主管可以给出细分的发展建议说明。上升包括职责扩大、提名晋升两项；维持指在原岗位保持现状；改进包括职责缩小、建议转岗。当主管选择"提名晋升"选项时，默认同意员工想要晋升的意愿，预提名生效并审核通过，晋升流程正式启动。

5. 岗位稀缺性及学习计划

岗位稀缺性分为高、中、低3档，综合考量分为是否为关键岗位、是否为核心人才两个维度，由主管进行评估，员工无须自评。学习计划则是指员工根据自身岗位能力评估、发展意愿（如转岗、扩大职责）等，提出自己想要在哪些方面加强学习和提升。学习计划由员工自主填写提交，信息会同步到主管、人才培养和发展部门，主管根据员工的学习计划进行相应的监督、支持，人才培养和发展部门则需要收集整理所有员工的学习计划，通过培训授课、知识分享等形式帮助员工落实学习计划，提供各种资源支持。

6. 调薪、年度资金及股权

薪酬部门根据年度人力预算配置调薪包、奖金池和股权池。有了员工的绩效数据、潜力信息，薪酬部门即可根据相应的规则配置奖金系数、调薪比例和股权数量。

E表人财是整合了绩效、盘点等多个HR业务系统的产品，但也没有完全照搬各个业务系统的所有功能和统计口径。在盘点系统中，除了能力、潜力、发展意愿，还有一个竞争力盘点维度，包括稀缺性、离职风险、影响力和适配度。考虑到实际情况，最终E表人财只采用部分统计口径。

E表人财虽然舍弃了部分内容，但是2015年上线的第一期版本，从当年阿里巴巴集团国际化业务战略入手，在人才盘点板块做了一个"外语水平"信息收集的数据埋点。员工可以选择外语种类（可多选），每选择一门外语，会弹出对应水平的描述选项，这个选项并没有用传统的专业八级、英语六级或者英语四级来定义，而是采用了更接地气的当导游、自助游、跟团游3种分类。那一年，通过这个数据埋点收集了全集团所有人的语言水平的数据信息，在实现业务国际化的战略要求下，结合语言能力、个人发展意愿两个关键指标，提供了最直接的国际化人才库。在之后的两年时间里，为多个事业部出海探索新业务提供了人才信息。

E表人财的影响力

E表人财是阿里巴巴自2004年搭建职级体系（P/M序列）这项变革以来，又一次由人力资源部发起，全员参与的重大组织变革，是阿里巴巴集团人力资源信息化建设中的里程碑事件。直到今天，E表人财仍旧被很多企业、人力资源同行津津乐道。

E表人财将过去耗时半年、多个管理场景、多个业务系统操作，整合为两个月时间、一个系统平台完成年度绩效考核、人才盘点、员工发展、年奖、调薪、股权激励等众多管理操作，为组织效能提升做出了重大贡献。除了提升组织效能，E表人财还有哪些延伸价值？

首先，E表人财为团队和人才管理提供了素材。在绩效评估中，员工自评和主管评估这两者之间必定存在差异。在能力评估和发展意愿中，同样存在员工自评和主管评估的差异，要么是员工"自我感觉过于良好"，评估结果比主管评估结果更好，要么是员工"自信心不足"，评估结果不如主管评估的更加全面、客观。比如，员工在发展意愿中选择"想要晋升"，主管给的发展建议是"本岗位维持现状"，甚至是"缩小职责"。只要存在差异，就一定需要采取跟进措施，管理好员工期望值。E表人财项目组将所有能力评估、绩效评估、发展意愿中存在差异的人员数据、差异内容（员工自评>主管评估&员工自评<主管评估）、差异比例（员工自评>主管评估占比、员工自评=主管评估占比、员工自评<主管评估占比）按部门维度整理，分发给业务总裁和HR负责人，由他们跟进落地，为管理者及HR与员工进行高质量管理对话提供素材。

其次，E表人财为团队画像和人才画像提供了大量数据。E表人财覆盖全集团5万多人，每个人的数据指标超过20个，后台产生的数据量超过百万。那一年的组织人才盘点，率先启用E表人财中使用的"绩效&潜力九宫格"进行团队人才分析，还据此分析"绩效连高/连低"（连续两年高绩效/低绩效）、"潜力连高/连低"（连续两年高潜力/低潜力），并响应匹配的晋升、轮岗、淘汰替换管理动作。自此之后，"绩效&潜力九宫格"成为集团内部通用的人才分析工具，甚至成为业界同行争相使用的工具之一。除了绩效&潜力九宫格，还可以在绩效、潜力和司龄、年龄、层级、岗位等多个不同维度进行交叉分析，为丰富和完善团队画像、人才画像提供绝佳的数据来源。

再次，E 表人财还为集团人才培养提供需求支撑。在 E 表人财中，员工和主管对能力评估的差异，以及员工个人的学习规划等，都是培训部门最需要的信息。培训部门根据 E 表人财收集的信息，将需求转化为培训课程，有针对性地推送给有需要的员工，实现精准培训。2015 年第一次做 E 表人财，需求信息还是依靠线下人工整理并推送的，2016 年第二次做 E 表人财时，随着集团培训平台的改造升级，已经可以实现 E 表人财后台信息和培训平台数据自动对接、课程信息自动识别和推送，大大提升了工作效率和课程推送的准确度。

最后，E 表人财为人力资源部门承接集团国际化业务战略落地做出了"样板间"。通过外语水平这个数据埋点，收集到业务国际化急需的国际化人才的语言水平数据，这一全新的人才盘点视角和数据埋点尝试，不仅向员工传递了集团业务走向国际化的信号，还为阿里巴巴集团的人力资源信息化建设提供了新思路，加快了组织信息化建设的步伐。依托 E 表人财的数据分析，阿里巴巴集团在人力资源信息化、人才数字化建设的道路上开始越走越快、越走越宽。

E 表人财是阿里巴巴组织变革的载体，是提升组织效能和管理效率的工具，是一套整合了多个系统平台的产品，是人力资源数字化的加速器。阿里巴巴集团在成熟阶段不断尝试突破常规，寻找组织变革的契机，找到激发组织活力的发动机，从而达到提升管理效率并激发组织活力的最终目标。

第三节 培养有创业精神的一号位

本章第一节分析了成熟阶段的企业缺失创业精神的4个原因：领导者的风格、领导者的心理年龄、相对市场份额和组织结构，其中有两个原因和领导者直接相关，因此强化管理者的重要性毋庸置疑。当企业进入成熟阶段后，应将重点转向激发组织活力、避免企业走向衰退上，而激发组织活力的突破口在企业管理者身上。因此，成熟阶段的企业应当着手培养有突破创新精神的管理者，让创业精神重新回归管理团队，并赋予组织强大的生命力。如果这个阶段的企业不培养管理者，那么企业将很快面临无人可用的局面，可以说在成熟阶段培养管理者有很强的紧迫性，不容拖延。

究竟如何培养管理者呢？我用阿里巴巴的落地经验总结出了"培养设计三原则"和"培养项目设计四步走"。

培养设计三原则

原则一：管理者负责

在企业中，如果没有管理者和广大员工的深度参与和支持，很多项目的落地是不可能获得成功的。有很多企业的老板或管理层有这样一种认知：人才培训或管理层的培养是人力资源部门的事。这种观点存在误区。对于人才的选育用留,管理者才是第一责任人,人力资源部门只负责提供方法和工具,以及负责项目的实施并跟踪效果。越是高层的管理者,他们身上越能体现出企业的文化价值观,并且能够在他们身上看到企业的创业精神,这种精神对培养接班人至关重要。文化和创业精神需要"传承",只有企业的创始团队、高管层深入参与,精神和文化才能被传承下去。

原则二:**分层培养**

成熟阶段的企业,其管理层一般分为3层:高层、中层和基层,3层管理者对应不同的培养项目,设计不同的培养目标和培训内容。有些企业在内部进行一些管理培训,会把企业所有管理者召集到一起听内部公开课,貌似投入产出最大化,实际效果却和预期目标相去甚远。原因就是不同层级管理者的管理思想、管理水平和管理技能都在不同的段位,"大杂烩"是错误的做法。在国内很多管理课上常常听到"道法术器"的说法,意思就是高层管理者要讲"道",中层管理者注重"法",基层管理者要加强"术和器"。

原则三:**隔代培养**

隔代培养接班人是一种很常见的设计和操作方式,在我国也有悠久的历史和广泛的成功经验。企业实施隔代培养,可以将往下两层的管理者选拔出来作为培养对象。例如,企业想要培养总裁后备梯队,需要往下看总经理、总监两层。这样做对企业最大的好处在于可以扩大各层管理者梯队的储备池,对管理者本身来说,最大的价值在于他们个人成长的天花板高、通道宽。

多年来阿里巴巴在接班人的培养上有哪些沉淀?综合这三项核心原则,可以通过下表清晰地看到公司的设计和思考。

培养方向	培养内容	对象	项目示例
商业领袖(公司级)	商业知识、眼界、格局、胸怀	各业务总裁	风清扬班
总裁(事业部级)	定战略、断事用人、文化土壤	业务总裁的直接下属	孙权班

○ 企业生命周期新纪元：组织人才与创新、数字化

续表

培养方向	培养内容	对象	项目示例
总经理（部门级）	定策略、架构&机制设计、搭班子	业务总经理的直接下属	功守道
总监/经理（子部门）	定目标&拿结果、团队建设、文化宣导	一线带团队的管理者	侠客行

基于分层培养的思路，从培养方向上看是正三角形，最顶端的是培养公司级商业领袖，第二层则是事业部级总裁，再往下则是负责不同业务的部门级总经理，以及子部门的总监和经理，越往上人越少，越往下人越多。

培养内容是基于不同的对象设计的，围绕"道法术器"4个层次依次展开：公司级商业领袖注重"道"层面的培养，即思想意识层，内容围绕商业思考和商业设计，以及领袖的眼界、格局和胸怀，引领企业的战略设计；事业部级总裁注重"法"层面的培养，即设计思想层，内容围绕阿里巴巴九板斧中的"定战略、断事用人和文化土壤"打造；不同业务的部门级总经理注重"术"层面的培养，即方法设计层，将上一层的内容更加细化地执行，内容围绕搭班子、定策略、架构&机制设计；子部门的总监、经理层注重"器"方面的培养，内容围绕定目标&拿结果、团队建设和文化宣导等方面，是具体实操的工具、技巧层。

下面以"孙权班"为例进行介绍。"孙权班"是孙权（花名，本名胡晓明）接手阿里云业务之后启动的商业领袖培养项目。孙权没有从他的直接下属（一群业务总裁、副总裁）中选择候选人，而是从这些下属的下属中挑选绩效表现优异、潜力好的资深总监（层级为M5P10），甚至个别非常优秀的总监（层级为M4P9）中挑选好苗子，进行培养，成立"孙权班"。他亲自任班主任，参与项目设计、内容选择和讲师挑选。他能这么深度参与，一方面体现了对这个培养项目的鼎力支持，另一方面可以深入了解和熟悉每位候选人，而不是走马观花式地走过场，毕竟这些好苗子培养好了都能成长为他最得力的助手，去开疆拓土，发挥鲶鱼效应，让阿里云最高管理层发生奇妙的化学反应。

在培养公司级商业领袖这个方向上，除了集团的"风清扬班"，时任阿里巴巴集

团董事长兼CEO的逍遥子（花名，本名张勇）从各个事业部中挑选了一批青年才俊，组成由逍遥子亲自带队的"青训营"，旨在培养面向未来的、年轻化将才。

阿里巴巴自成立之初，就非常重视人才培养，尤其是管理队伍的培养和干部梯队的培养，在业务高速发展时期，这些人才培养项目的确为整个集团源源不断地输送了各种级别的管理人才和专业人才。

近年来，受到企业生命周期规律的影响，以及内外部市场环境的制约，不论是阿里巴巴的主营电商业务，还是各种延伸业务，都面临巨大挑战。在人才培养上，不能继续沿用过去的老一套模式，而应该在适应企业经营环境、组织文化、人才供应等多种因素的前提下，重新思考并设计，培养出可以"破局"的新型管理人才，这才是阿里巴巴人力资源部门面临的最大挑战。

培养项目设计四步走

很多成熟阶段的企业围绕自身的管理结构进行高层、中层、基层3层管理干部的培养设计，但是在具体培养项目的设计上，缺少方法和体系指引。下面针对业务一号位的人才培养项目给出实操建议：四步十二字。

磨标准 ➡ 做评估 ➡ 定方案 ➡ 跑项目

第一步：磨标准

磨标准是告诉所有人企业需要什么样的人，通常可以通过素质模型来综合评估一个人。素质模型包括知识、经验和能力3个维度。前两个维度是显性化的，比较容易评估和衡量。能力维度的评估相对比较难，但也可以通过既定的能力模型对人进行评估，分析出哪些人能力强、哪些人能力弱。企业选拔和培养管理者，尤其是高级管理者，不能仅通过上述3个维度进行评估，必须对管理者的"成就动机"进行评估，成就动机可以反映出一个人最底层的价值观。例如，一名管理者加入企业，表面上看他的成就动机是因为企业给了他更大的平台和空间，事实上这名管理者看中的却是企业即将上市,他可以通过企业上市获得更多的物质财富,后者才是这名管理者的真实成就动机。分析管理者的成就动机,可以跟企业文化价值观进行匹配,只有符合企业文化价值观的管理者才能被纳入培养计划。

不同发展阶段的企业,对管理者的能力要求不同,因此这些企业评估管理者的领导力模型也会更新换代。这套模型将经历"模糊—清晰—迭代"这个循环发展路径。成熟阶段的企业要培养有创业精神的业务一号位,就必须将"创业精神"作为一项重要的标准纳入领导力模型。当然,创业精神包括具体的行为表现,例如,始终对市场和用户需求保持敏感,不断完善和提升产品的性能;不满足现状,敢于制定有挑战性的业绩目标并努力实现目标……

第二步:做评估

做评估是根据标准对现有管理者团队进行盘点,了解现在的管理者团队成长到什么水平。具体如何盘点和盘点什么内容,前文已经有过详细介绍,这里不再赘述。盘点信息和结果可以形成对管理者画像的有效丰富和补充,帮助组织更加清晰、全面、客观地审视不同的管理者。

通过盘点和评估,对现有管理者团队有了清晰、全面的认知之后,摆在企业面前的主要问题就是谁能上、谁不能上。那么,如何选出企业需要、管理层满意的管理梯队候选人呢?建议企业使用主管推荐机制。

所谓主管推荐,就是由高级别管理者推荐下属参加业务一号位培养项目,不用自荐,不用企业指定。采用主管推荐机制有两点好处:一是通过高级别管理者推荐,可以清晰地向管理者团队传递公司要什么、不要什么的信号,更加强调管理者的培养和任命是企业的需求,并非完全是个人意愿;二是上级主管推荐,可以激发他们更强的主人翁意识和责任担当,因为谁推荐谁负责。管理者都希望自己推荐的候选人在项目中表现优异,最后可以顺利毕业,所以管理者都会认真推荐。

第三步:定方案

定方案就是明确培养什么内容,以及采取何种培养方式。培养管理干部,不同于普通的技能培训班，一般采取训练营的模式进行。对于高级别管理者的培养，需要注重开眼界，让他们更多地看见世界，所以多数会设计"请进来、送出去"环节。即邀请国际国内顶尖的专家、学者，针对他们研究的专业领域进行分享，帮助管理者们"开天眼"。对于中层和基层干部，必要时也可以邀请知名专家学者来授课，更多的则是由内部高阶管理者进行"经验传承式"的分享授课，通过内部分享，结合实际管理场景的案例教学，帮助中层和基层管理干部吸取经验教训，从而获取更加真实有效的管理经验。

第四步：跑项目

跑项目是针对项目运营人员设计的环节，确定他们是如何衡量并保证培养项目的效果的。启动培养项目后，日常的运营非常重要，这里推荐两种方法。

第一种是定期回炉。因为在培养的过程中，不论前期设置的是经验分享，还是管理话题讨论，经过一段时间之后，如果不把大家聚到一起对这个话题进行二次讨论，那么大家很快就会忘记学习的内容，这就是学习的特点和规律。因此，设计回炉环节，让参加项目学习的管理人员思考经过这段时间的学习，对自己的团队管理、自我提升有什么影响，有没有从中学习或者感悟到什么，有没有把学习内容转化为行动……因此，为保证项目的效果，一定要考虑定期对参加项目学习的学员进行回炉。

第二种是做圈子的运营。什么是圈子运营？圈子运营就是把所有的参训学员，按照特定分组规则分成不同的小组，形成多个小圈子，让圈子里的人去打磨。比如，把做技术的人放在一个圈子里，让这些人在一起交流，也可以把技术、销售等其他不同专业领域的人放在一起，让他们碰撞出不一样的火花。在进行圈子运营的过程中，应当定期给不同的圈子分发作业。作业内容来自企业在实际经营管理过程中遇到的真实难题，让这个小组的人作为负责人去攻克这一难题，最终帮助企业解决实际问题，这也是圈子运营的一种方式。

培养项目结束后，对整体项目效果进行评价。当然，也可以在项目启动一段时间后，对参加一号位培养项目的管理者进行360度调研，从主管、同事、下属、合作伙伴等多个不同的维度，去考察参加培训的管理人员的思考力、行动力到底有没有发生变化。如果发生向好变化，则证明他在这个维度上的培养和提升是有效果的；如果没有发生变化，说明培养没有效果，那么接下来就应当做出相应的调整。通过调整培养的内容和形式来强化效果。当然，也有可能经过筛选发现有些管理者不适合成为业务一号位人选，那么就应该做好岗位调整，把人放在合适的位置上发挥其价值。

所有管理干部的培养项目，都应该采取"小班制"设计，不能采用批量开班培训或者人数众多的训练营形式。一旦人数多起来，班主任或者项目负责人对每个个体的关注度必然会随之下降，高阶管理者对项目中每位管理者的跟进辅导就会变少，最终导致培养效果打折扣。

第五章 成熟阶段的企业如何激发活力

第四节 打造管理者画像

成熟阶段的企业已然具备一定的信息化建设的基础,有的企业通过 ERP 实施企业经营管理的线上化、流程化管理,有的企业通过财务软件实施企业内部财税一体化管理,有的企业通过不同的人力资源模块系统提升人才选育用留效率。多数企业通过外部采购的方式获取这些系统软件,也有少数企业通过自研的方式设计并开发系统软件,两种方式各有利弊。外部采购周期短,阶段性投入成本较低,但后期维护、升级及需求受限,最大的问题在于所有企业内部的核心数据存在一定的泄露风险。企业自研可以解决外部采购面临的问题,但前期投入的人力和财力较大,是一项长期、系统性建设工程。

当下,越来越多的企业在具备一定的基础和条件之后,开始走上自研这种信息化建设道路。组织和人才信息化建设是企业信息化、数字化建设的重要组成部分,人才画像尤其是管理者画像则又成为组织和人才信息化建设的重要内容。如何打造属于企业自己的管理者画像和人才画像,是每个企业必须思考和解决的问题。

结果数据与过程数据

人们常说看一个人既要看其最终成绩,又要看其做事的过程。成绩就是结果数据,而做事的过程就是过程数据。当企业决定从外部"引进"一名管理者，或者从内部提拔一名新管理者以后，那么在这个管理决定产生之前，所有跟随这名管理者的各种既定数据就是结果数据。而这名新的管理者在上任之后，在新岗位上所做的各种管理行为则属于过程数据。结果数据和过程数据会因为时间周期的变化而相互交织，即一段时间之后，过程数据会产生一定的结果，从而转化为结果数据。例如，新的管理者一年之后的绩效考核结果为"优秀"，那么这一年的绩效结果则成为这名管理者的一项结果数据。

结果数据又称为"静态数据"，而过程数据又称为"动态数据"，企业打造管理者画像，就是在抓取管理者身上不同时间周期的各种结果数据和过程数据，通过这些数据全方位、立体化地呈现一名管理者的方方面面。

行为数据化与数据结构化

流程线上化、行为数据化、数据结构化、人才标签化是我总结出的针对企业数字化建设的4个维度，简称"新版四化建设"。其中，行为数据化、数据结构化这两项可以完美地衔接到人才画像上。

什么是行为数据化？行为数据化是指将管理者在日常工作中的行为进行记录，通过数据来呈现这些行为。例如，企业大力推行内部人才推荐机制，尤其是面向管理者，希望管理者在团队搭建上能够多投入时间和精力，比如，管理者通过数据采集推荐了多少份候选人简历、参加了多少次面试，这两项就是针对管理者的"行为数据"。再比如，员工提出希望公司可以在年度绩效考核的沟通上更加人性化，更能体现公平、公正，而通过数据采集可知管理者在沟通绩效结果时，有没有和员工进行面谈、具体面谈了多长时间。有没有谈是性质问题，如果谈都不谈直接通知结果，这种绩效管理和绩效沟通肯定会大打折扣；谈了多长时间可以体现管理者的重视程度，以及企业要求的绩效沟通流程环节有没有落实到位。企业提倡的政策、措施管理者有没有落实到位，以及员工期待的公平、公正管理者有没有做到位，都可以通过点滴的管理行为数据收集来进行采样分析。

什么是数据结构化？数据结构化是将在不同管理场景中收集的数据按照特定规则"分门别类"地处理，从而实现从定性描述到定量分析的目标。例如，如何判断一个管理者是不是"好管理者"？直接定义、评判一名管理者是不是好管理者，很明显带有强烈的个人主观色彩，有人说他好，有人说他不好，每个人的评判标准不一。因此，企业可以将"好管理者"进行标准定义和指标化处理，如好管理者必须符合团队业绩好、以身作则、对人才培养有贡献这3点。判断团队业绩好不好，可以将管理者团队所有成员的绩效结果分布数据呈现出来，看是否高绩效占比高、低绩效占比低；可以将各个团队历年业绩完成比例趋势图呈现出来，通过团队产出看管理者水平的高低。判断管理者是否以身作则，可以分析管理者的出勤数据，看是否有迟到早退的情况；分析管理者的工作习惯数据，例如，工作邮件回复是否及时、客户拜访次数和工作总结提交效率和质量等。判断管理者对人才培养是否有贡献，可以分析管理者内推人员数量及成功率，可以分析管理者在企业内部有多少次授课培训，还可以分析管理者团队人员的离职率和培养新管理者的数量等。通过拆分管理动作并结合数据结构化指标，可以将原先偏主观的定性描述转化为更客观的定量评估。

管理者快照与管理者画像

在学生时代，不论是小学、中学还是大学，每个学期结束我们都会收到一份成绩单。成绩单上有各个学科的考试成绩，有获得的奖项及不同老师的评语，最重要的就是班主任的点评。这份成绩单就是学校对一名学生一个学期的表现最"权威"的评价。走上社会进入企业之后，即便企业没有对每个员工每年出具一份年度成绩单，但事实上这份成绩单是客观存在的。管理者快照就是管理者的"年度成绩单"。管理者快照是管理者画像的重要组成部分，可以以时间为维度进行留存，也可以以不同的场景为维度进行留存。例如，在选拔、考察管理干部时，对管理者过去的管理行为轨迹和结果进行快照。

很多谍战类影视作品经常出现一个场景：一帮情报分析人员在领导的要求下，迅速调取出要追捕的嫌疑人的个人档案,包括其做过什么事、说过什么话、承担过什么角色、带来何种影响等。很快大屏幕上就呈现出这名嫌疑人的画像,通过对个人画像的研究,鉴别这个人的思维和行为模式,并预测接下来的行动路径。对企业来说,管理者画像有相同的效果。通过解读管理者画像,企业可以在特定场景下做出管理判断和决策。想象这样一个场景:企业在进军海外市场前,利用管理者画像,先通过语言水平、海外留学和工作经历这3个数据指标,筛选出若干候选人;再通过其在本企业或曾经服务过的企业中的新业务开拓经验和业绩结果这两个维度,再次对候选人做出筛选,最后得到两三名候选人;企业高层就可以根据这几名候选人管理者画像中的个性特质、成就动机、团队管理风格等维度做出最终的选择。这就是管理者画像在最常见的管理场景中发挥的作用和价值。

构成管理者画像的要素

企业构建管理者画像,可以从4个构成要素入手:履历信息、任职信息、贡献产出和评价信息。

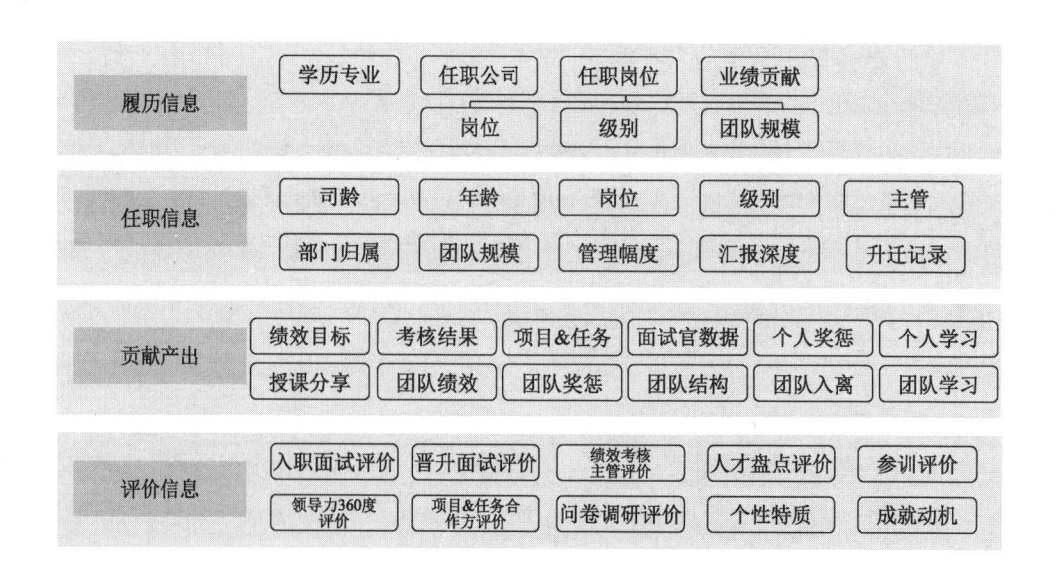

履历信息	学历专业	任职公司	任职岗位	业绩贡献
	岗位	级别	团队规模	

任职信息	司龄	年龄	岗位	级别	主管
	部门归属	团队规模	管理幅度	汇报深度	升迁记录

贡献产出	绩效目标	考核结果	项目&任务	面试官数据	个人奖惩	个人学习
	授课分享	团队绩效	团队奖惩	团队结构	团队入离	团队学习

评价信息	入职面试评价	晋升面试评价	绩效考核主管评价	人才盘点评价	参训评价
	领导力360度评价	项目&任务合作方评价	问卷调研评价	个性特质	成就动机

1. 履历信息

履历信息是指管理者加入企业之前的学习和工作经历，包括学历、专业、工作过的公司，以及分别任职什么部门、什么岗位、达到什么级别、管理的团队规模、有多少业绩产出等。技术实力强的企业，可以通过候选人的履历信息直接抓取关键信息。如果不具备条件，还可以通过入职后的人才盘点、晋升选拔和绩效考核等多个不同场景由员工本人或者其主管来丰富这些信息和数据。

履历信息是静态的结果数据，不产生变化，可以在管理者加入企业后以管理者快照或者个人档案的形式留存这部分信息。

2. 任职信息

任职信息是管理者在企业内部的履历，包括与管理者个人相关的年龄、司龄信息，也包括和岗位相关的部门归属、岗位、级别、主管、升迁记录和岗位调整信息，还包括作为管理者的团队信息，如团队规模、管理幅度、人员构成、汇报深度等。

任职信息是动态的过程数据，通过管理快照的方式可以在不同时间节点留存过去一段时间的认知数据，便形成了阶段性结果数据，这一结果数据可以作为评估管理者管理水平和复杂度的参考。例如，可以通过团队规模、人员构成、岗位构成、汇报深度等数据指标来综合评估团队管理水平和团队管理结果。

3. 贡献产出

企业不是福利组织，引进或者培养一名管理者，需要管理者为企业经营管理带来一定的价值，因此对管理者贡献产出的评估与衡量是重中之重。

对管理者贡献产出最直接的评估就是看管理者带领团队制定了哪些目标，以及这些目标的完成情况，这方面可以通过绩效目标和考核结果来评估。除了业绩贡献，还要关注管理者在人才引进、队伍搭建、文化建设方面的贡献和产出，应该关注管理者在招聘面试、团队绩效、学习分享、团队人员的入离水平、团队成员的晋升发展、团队学习、奖惩等方面的结果和产出。

企业可以根据自身的实际情况，设计评估贡献与产出的底层逻辑，并依靠这一逻辑配套不同的数据和指标。阿里巴巴多年以来评估管理者的贡献与产出是从"拿结果、建团队、推文化"这 3 个方面来入手的,并从这 3 个方面深入挖掘各种数据指标。

4. 评价信息

对管理者的评价,需要覆盖管理者在企业的完整生命周期,且应该尽可能覆盖完整场景。这些评价包括从管理者进入企业开始,在面试阶段面试官对他的评价,在日常工作中主管对他的绩效考评、合作方和下属员工对他的全方位评价,在不同管理场景如晋升面试中的评委评估、人才盘点中上级主管的评估。

除了各种场景的评估,还可以根据不同场景抽取统一的评价维度,如抽取管理者的个性特质、成就动机和能力水平等,在选育用留的关键场合中作为重要参考依据。

当然,这里总结的管理者画像的构成要素,并非搭建管理者画像的"标准答案",不同的企业、不同的发展阶段、不同的管理需求,管理者画像的构成都不尽相同。企业应当根据自身的实际需求来设计管理者画像。

对于管理者画像,有条件的企业可以通过数据产品的形式来呈现,还不具备这方面技术实力的企业也可以通过 Excel 表或者 PPT 的形式来呈现管理者画像,形式服务于内容,重点是在管理干部的选育用留场景中提供切实有效的数据支撑。

第六章　迭代阶段的企业如何寻找第二增长曲线

迭代阶段的企业有两个关键特征，一是规模集团化，二是业务多元化。规模集团化体现在 3 个方面：员工数量庞大、职能管理完整和业务线较独立。

进入迭代阶段的企业，基本上都已经发展到集团规模，员工动辄几千上万人，甚至更多。国内的头部互联网巨头、制造业和各大央企/国企都是集团化公司，人员均以万计。

集团化公司的组织架构庞大且非常完整，有前线业务部门，也有各种职能部门。大家各管一摊，各行其是。集团公司下辖的各个业务模块，要么以事业部的形式存在，要么以独立子公司的形式存在。

能够帮助企业避免成熟阶段的衰退，成功走向更高阶迭代阶段的，一定是企业自身业务的多元化。只有做到业务多元化，才能实现收入和利润的新增长。集团需要发展多个不同的业务板块，且不同的业务处在不同的发展阶段。即使原有的老业务已经走向成熟甚至衰退，只要企业内部可以不断孵化出新业务，企业就有机会重新走上发展之路。除此之外，也可以投资并购外部新公司和业务。通过投资并购获得新业务有

○ **企业生命周期新纪元**：组织人才与创新、数字化

的是在创业阶段，有的已经走到了高速成长期，这样可以促使企业重新找到增长机会、焕发新生机。

　　打造企业创新氛围和确保各种创新机制的建设和落地，是走到生命周期成熟阶段或迭代阶段的企业获得成功的关键要素。本章开始探讨迈向迭代阶段的企业如何推动创新，找到企业的第二增长曲线。

第六章　迭代阶段的企业如何寻找第二增长曲线

第一节　企业的第二增长曲线

被誉为当代"管理哲学之父"的伦敦商学院创始人查尔斯·汉迪教授，在他的《第二曲线：跨越"S形曲线"的二次增长》一书中提到，S形曲线是每个企业或组织在预测未来时一定会参考的工具，一切事物的发展都逃不开S形曲线（第一曲线）。从企业组织架构、企业治理、市场的变化，到个人的职业发展、社会人际关系，以及未来的教育和社会价值，多维度地探讨这个世界需要重新以不同的角度来思考问题，不能够总是停留在第一曲线的世界。如果企业或组织能够在第一曲线到达巅峰之前，找到带领企业二次腾飞的第二曲线，并且第二曲线必须在第一曲线到达顶点前开始增长，弥补第二曲线投入初期的资源（金钱、时间和精力）消耗，那么企业就能实现永续增长的愿景。

查尔斯·汉迪教授提及的第一曲线，实际上是一个"躺倒"的S形，类似下图中企业生命周期曲线图中虚线左侧的部分，而虚线右侧的部分则对应企业的第二曲线。汉迪教授对第二曲线的定义的最大特点在于，他指出企业或组织应该在第一曲线还在上升阶段时（巅峰之前）就要发展第二曲线。

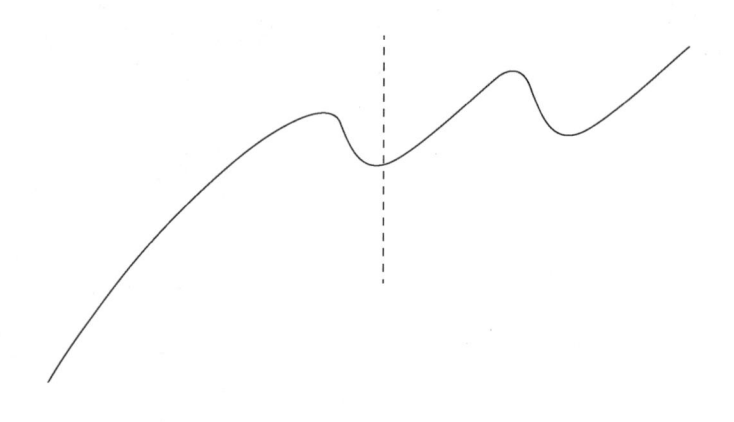

◯ 企业生命周期新纪元：组织人才与创新、数字化

史蒂夫·乔布斯非常精通第二曲线，在苹果公司推出的 Mac 电脑大获成功后，乔布斯开始带领团队着手设计 iPod，进军音乐界，而当 iPod 开始占领市场的时候，乔布斯又开始设计完全不同的手机产品 iPhone，同样获得成功之后很快又推出 iPad。苹果的每条新曲线都是在上一条曲线还在上升阶段时就已经构思完成并投入市场的，看似新产品来源于上一代产品，但是每代新产品又剑指完全不同的市场。

纵观阿里巴巴集团的商业发展历程，在中国供应商这一 To B 商业模式和产品"如日中天"之时，选择孵化 To C 的淘宝业务，奠定了阿里巴巴在国内乃至全球范围内电子商务平台的巅峰地位。阿里巴巴以淘宝、天猫这两大核心电商业务为基础，继续孵化出了支付宝、阿里云、菜鸟等多个新业务增长曲线。可以说，阿里巴巴过去高速增长的 20 年，就是一条又一条新业务增长曲线不断出现和迭代的 20 年。创始人马云曾经在一次内部讲话中总结：阿里巴巴的发展，就是要通过 B2B 孵化淘宝，通过淘宝孵化支付宝、阿里云、菜鸟。阿里巴巴的发展要像"履带"一样，业务一个带一个，滚动式向前发展。

字节跳动于 2012 年推出今日头条，打破过去"人找新闻"的传统模式，通过算法实现"信息找人"的新闻聚合平台模式。在今日头条高速发展阶段，字节跳动又于 2016 年推出短视频平台抖音，再次通过新产品发展出企业的第二曲线。很快字节跳动又于 2017 年推出国际版抖音 TikTok，成功打开海外市场，迅速在全球范围内取得巨大成功。

美团于 2010 年以团购业务起家，提供餐厅、电影院等领域的优惠券；2013 年，美团外卖上线，美团开始进入餐饮外卖市场，并于 2015 年拓宽到订餐、酒店、机票等到店服务，每个新业务场景的诞生，都是在原有业务（第一曲线）的基础上迅速发展出第二曲线的。

这几个案例再次验证了查尔斯·汉迪教授指出的一个关键问题：第二曲线必须在第一曲线达到巅峰之前就开始增长，只有这样企业才能有足够的资源，包括资金、时间和精力，承受在第二曲线投入期导致的企业业绩的下降。如果在第一曲线到达巅峰并已经开始向下后才开始第二曲线，往往是行不通的。因此，在企业寻找第二曲线的道路上，成功的管理者必须"向死而生"，另辟蹊径，一次次跃过那些由过去成功铺设的"陷阱"，开辟一条与当前完全不同的新路，找到实现新的增长的第二曲线。

◯ 企业生命周期新纪元：组织人才与创新、数字化

第二节　跳出创新者窘境

到底是什么阻碍了企业找到第二曲线？在回答这个问题之前，先讲一个案例，大家了解一下相关概念。

失败的来往，成功的钉钉

钉钉是阿里巴巴新业务孵化比较成功的一个代表，但是很多人不知道的是，钉钉的前身是一个叫来往的社交类通信产品。

如今的微信已然是国内社交 App 的龙头老大，无人可以撼动其头部位置。最初，腾讯希望微信可以走出单一社交属性，发展出电商、支付等新赛道。当时，腾讯最大的竞争对手阿里巴巴同样希望可以将支付宝通过单一支付场景打通社交场景，从而找到新的流量入口。

2014 年，微信推出微信红包功能，并且在那一年的春节联欢晚会上发起抢红包活动。除夕夜，大约有 500 万人参与微信抢红包活动，最高峰每分钟约有 2.5 万个红包被拆开领取。这在互联网界引起不小轰动，特别是在阿里巴巴集团内部，马云把它比喻成"珍珠港偷袭"事件。因为微信原来只做社交，它却通过微信红包功能打入支付

宝最核心的支付业务腹地。这时的阿里巴巴马上有了强烈的危机感。于是，那年春节除夕夜刚过，阿里巴巴集团核心管理层包括18罗汉创始团队成员，一起在杭州的法喜寺旁紧急召开会议，商量对策。这次会议诞生了当时阿里巴巴非常重要的一项战略决策，即阿里巴巴要开始做社交。与腾讯微信通过微信红包攻占支付宝支付业务一样，阿里巴巴也要攻入微信的社交业务腹地。

阿里巴巴要做一款可以匹敌微信的社交App，是这次会议所有高管激烈讨论的一致结论。于是，来往便应运而生。这款名为来往的社交App到底是怎么做出来的呢？由于来往是整个阿里巴巴集团的"一号项目"，战略地位非常高，因此项目负责人自然落到了当时阿里巴巴集团的CEO陆兆禧头上。他亲自挂帅，负责来往这一新业务，成立了来往事业部。与此同时，来往事业部从集团各个核心事业部的技术、产品、运营等部门抽调了200多名精兵强将。大家不要小看这200多人，他们每个人都是各业务核心岗位能力最强、业绩最好的。

阿里巴巴集团给来往的定位是什么？当时阿里巴巴对来往的定位非常明确，就是要通过来往杀入社交领域来阻击微信、开拓支付业务。既然微信原来只做社交，而现在又开始做支付，且已经触及支付宝的核心业务腹地，那么阿里巴巴就去做社交，通过来往这个社交产品打入微信的核心业务腹地社交。好比在战场上，交战双方中的一方用新武器攻击另一方，于是受到攻击的一方也模仿对方制造出了自己原先没有的武器去进攻，让对方也感到紧张。

令人印象特别深的是，来往事业部成立之后在整个阿里巴巴集团内部异常高调。新事业部成立不久，就组织召开了一次近1000人的内部誓师大会。在大会上，来往事业部的所有业务负责人，上台汇报并做业绩目标的分解、未来的业务规划，明确告诉现场所有人，来往要做成什么样，实现什么样的目标。这次誓师大会在整个阿里巴巴集团做现场直播，集团所有高管到场，摇旗呐喊，为来往助阵。可以说，来往起点很高，非常高调地做全员运营。

当时阿里巴巴集团为了把来往做好，定了一个基调，即来往的资源投入不设上限。很多外人不知道的是，在那两年里，集团每位员工在年底绩效考核分奖金的时候，必须回顾自己的来往 App 上有多少名好友，如果员工的好友数量达不到指定目标，就领不到当年集团的红包奖励。

把员工年底奖金、红包同内部产品的运营结合起来，集团高管希望通过个人影响力运营推广来往，设计"朋友，就是要来往"的运营口号。在后来的 10 年时间里，阿里巴巴集团再也没有出现第二个和来往拥有同等战略地位和资源投入的产品或业务。

然而，经过一年多的努力，来往最终还是败下阵来。阿里巴巴希望在社交这条业务赛道上杀出一条血路的努力，没能换来当初希望获得的回报。来往失败了，但阿里巴巴并非一无所获。虽然来往这款社交 App 没有做成，但是失败的来往却意外地孵化出一个新业务的成功代表——钉钉。

钉钉这款 App 现在日活能达到六七亿。钉钉是怎么孵化出来并一步步长大的呢？首先，钉钉不像来往那般由 CEO 亲自挂帅，钉钉的团队其实是一个比较"草根"的班子。当时来往团队中的一位产品经理不服输，领着十几个人成立了钉钉团队，专攻中小企业协同办公和企业内部各种线上化管理需求。其次，在钉钉发展初期，阿里巴巴集团对钉钉团队并没有设定明确的业绩目标，钉钉团队的初衷就是想做一款 To B 产品，而且钉钉团队除了集团给予的项目启动资金，没有其他任何资源投入，完全靠钉钉团队自己攻克一个个需求，与一个个企业客户洽谈合作，最终"活"下来了。

很多人会感到意外，为何高资源投入，精兵强将全员投入运营的来往没有做成，靠着十几个人的"草根"班子，没有足够的资源投入，定位也仅仅是解决中小企业问题的钉钉反而做成了？

创新者窘境

阿里巴巴内部各种反思、复盘。多年之后，我读到一本名为《创新者窘境》的书，由哈佛大学教授克莱顿·克里斯坦森编著，他研究了大量案例，分析诸多成功大公司内部创新总是会以失败告终的原因。我从这本书中找到了来往失败而钉钉成功的理论

第六章　迭代阶段的企业如何寻找第二增长曲线

依据,这就是"创新者窘境"理论。使用这一理论解释当年来往失败的多种元素和原因,非常契合。

那么,到底什么是"创新者窘境"?创新者窘境指的是一些成功大企业的内部创新很难获得成功,尽管不缺资金、人才等各种资源。这其实是一个怪圈,越成功的大企业越容易在这样的怪圈中跳不出来。

克里斯坦森教授在《创新者窘境》中给人们提供了 3 个分析维度。

第一个维度是打破资源依赖。打破资源依赖是指创新团队需要靠自己去获得资源,而不是依靠母公司的资源输入。对比来往和钉钉,结论一目了然。来往是资源投入不受上限,而钉钉只有少量的项目启动资金,全靠团队自己,如果没有市场和客户,那么项目就面临被裁撤。

第二个维度是成立和当时业务目标相匹配的小体量组织。什么算小体量?来往是由 CEO 亲自挂帅,抽调了集团内各大事业部 200 多精英成立的事业部,技术、产品、运营各大职能一应俱全。而钉钉团队只有当时从来往团队里抽调出来的十几个人,他们低调入驻了湖畔花园,在那里开启了钉钉的创业之路。因此,就体量来说,钉钉很小,来往很大,但正是这个小体量,和当时钉钉的业务定位、发展目标比较吻合、匹配。

第三个维度是先行动再制订业务计划。当时来往的目标是阻击微信去做头部社交产品,这个目标很大。因此,在誓师大会之后,来往事业部在业务落地过程中想的是要怎么做高日活,以及装载量要实现多少,在微信做得极强的社交领域与其正面竞争。而钉钉非常巧妙地避过了 To C 的社交产品属性和定位,定位在 To B,聚焦在中小企业痛点问题的解决上。最初钉钉的功能非常简单,在中小企业内部解决沟通问题和协同问题。由于功能相对简单,因此可以保障产品的稳定性。除此之外,钉钉一开始没有制订任何宏大的业务目标和计划,没有背负市场占有率、装机量、日活/月活这些业务指标,一心只为解决中小企业的痛点问题。

从这 3 个维度分析来往失败和钉钉成功的案例,就会发现当时的阿里巴巴非常"完美"地"跳入"了"创新者窘境",因此导致来往失败。而钉钉则规避了进入"创新者窘境",因此钉钉成功了。

由此可见，处于迭代阶段的大企业要想做内部创新，一定要谨防陷入"创新者窘境"。对于成功的大企业，受到过去成功经验的束缚，内部创新很容易陷入"创新者窘境"。想要想跳出"创新者窘境"，需要从上面分析的3个维度入手：成立与业务体量相当的小组织，脱离对母体资源的依赖，独立创业，在业务开展过程中不要像大企业那样定目标、定策略、配资源，而应该像一家创业阶段的公司一样，着重解决客户痛点，让产品得到客户认可，让公司"活"下去。只有这样，才能在大企业中实现创新成功、孵化企业的第二增长曲线。

第三节　多元化用工实现降本增效

降本增效是发展到迭代阶段的大企业面临的重要问题，那么要如何实施降本增效呢？大家首先想到的就是降低人工成本。当下，在国内各行各业，用工成本已然成为企业经营管理中最大的成本支出，其中还不包括企业进行人员管理产生的各种隐形成本。

通过优化用工结构找到降低人员成本的最优解是很多企业正在研究的课题，本节就以阿里巴巴为例，介绍迭代阶段的大企业如何通过多元化的人员结构来实现企业的降本增效。

业务分类及用工类型

企业的业务分为 4 类：自营业务、外包业务、劳务派遣业务和直营业务，对应自有员工、外包员工、派遣员工和直营员工。

1. 自营业务

自营业务也是企业的主营业务，是产生核心产品、服务的业务单元，属于企业"安身立命"之本。自营业务对应企业自有员工，员工与企业签订劳动用工合同，享受企业的薪资和福利待遇，企业要对员工的培养、发展负责，一旦出现劳动纠纷，则企业和员工属于纠纷主体双方。

2. 外包业务

有时企业将自己的一部分业务或流程委托给外部服务商或个人去完成，这些业务即属于外包业务。外包业务可以是生产、销售、客服、IT支持等企业的非核心职能。企业选择将业务外包的原因通常包括降低成本、提高效率、聚焦核心业务、利用外部专业技能等。业务外包简称BPO（Business Process Outsourcing）。当将业务外包时，企业只对外包服务商提交的最终业务结果进行评估并支付费用，对业务完成的过程及人员不进行任何管理。

外包业务对应外包人员，他们隶属于外包服务商，因此外包人员用工合同签署的主体是外包服务商而非企业。外包服务商负责招聘、培训员工，并根据员工的表现进行绩效考核、发放工资和缴纳社保等，所有的人员管理都由外包服务商完成。

大多数基础服务都有外包服务支持。一家企业入驻新办公园区，园区物业为企业提供办公室区域的卫生清洁服务，由园区物业安排清洁工作人员，每天负责打扫办公园区，清洁人员则由园区物业雇用并发放工资，企业只需按月支付保洁费用给园区物业即可。这就是典型的外包业务和外包人员类型。

3. 劳务派遣业务

劳务派遣业务即企业通过劳务派遣完成工作的业务类型。企业由于临时或长期的人力资源需求，向具有专业资质的人力资源公司或劳务派遣机构雇用员工。这些员工通常只在特定的项目或岗位上工作，待派遣期满后返回派遣机构或被调派到其他企业。劳务派遣可以帮助企业解决人力资源短期短缺问题，也可以帮助企业节省招聘和培训成本。

劳务派遣业务对应派遣员工，派遣员工和第三方派遣机构签订劳动合同并领取工资享受福利，为企业提供服务。在为企业服务期间，派遣员工遵守企业的日常管理，包括技能培训、绩效考核等，企业对派遣员工管理是为了让派遣员工可以提供更好的服务，企业按照派遣人员数量向第三方派遣机构支付管理服务费。例如，银行是选择劳务派遣服务常见的企业，不论是银行柜台的工作人员，还是一些基础服务如电话客服，都是由派遣员工担任的。

4. 直营业务

直营业务是指企业采取外包合作的形式，但对工作人员实施直接管理的业务类型。直营业务是综合了外包和劳务派遣的一种新型业务合作模式，产生的背景是2014年国家人力资源和社会保障部颁发了关于劳务派遣的相关规定，即企业在辅助性岗位上使用的被派遣劳动者数量不得超过企业用工总量的10%。这一措施是为了防止劳务派遣被滥用，确保劳动合同用工作为企业基本用工形式的同时，合理使用劳务派遣用工作为补充形式。为了应对这一规定，很多企业针对自身业务需求，和第三方实施业务外包，但是对所有外包人员直接进行管理。

直营业务对应直营类型的员工。直营业务用工最大的特点就是，除了不与企业签署劳动合同，其他所有跟员工有关的管理均由企业承担。在人员管理上，直营员工和企业的正式员工几乎无异，员工归属感更强，对企业认可度更高。

不同用工类型利弊分析

下面用一张表来说明自有员工、外包员工、派遣员工和直营员工这4种用工模式的差异。

职责	自有员工	外包员工	派遣员工	直营员工
合同主体	甲方	乙方	乙方	乙方
招聘管理	甲方	乙方	乙方	甲方
培训管理	甲方	乙方	甲方	甲方
业务管理	甲方	乙方	甲方	甲方
考勤管理	甲方	乙方	甲方	甲方
绩效管理	甲方	乙方	甲方	甲方
薪酬奖惩	甲方	乙方	甲方	甲方
基础人事	甲方	乙方	乙方	甲方
风险纠纷	甲方	乙方	乙方	甲方

○ 企业生命周期新纪元：组织人才与创新、数字化

对于自有员工，毋庸置疑从合同签署到日常管理，再到最后出现劳动纠纷都由企业负责。与之相反的则是外包员工，因为企业购买的是外包服务商的服务，且只对服务商的交付结果付费，所以外包服务商使用多少员工、使用什么技能水平的员工，甚至给员工支付多少薪酬，企业都不关心，只要外包服务商最终交付的结果达标即可。因此，业务外包是企业最省事、最省力的一种业务开展模式。随着市场化分工越来越细致，可以为企业提供精细化外包服务的供应商越来越多、越来越专业，企业所需要支付的费用也日益透明、合理。

业务外包最大的弊端在于，企业对外包服务商提供的服务结果控制力差。即便有合同和口碑做基础，但企业在一些特定场合对外包的业务结果要求很高，或者在合作过程中因为市场、客户需求变化导致外包服务的标准提高，此时企业对外包服务商的影响力和最终结果的掌控就会受到很大影响，一旦出现纰漏，企业除了扣钱，没有其他有效的挽回措施。

派遣员工和外包员工一样"不是企业的人"，派遣员工与派遣机构签署劳动合同。派遣机构根据企业需求招募适合的人员，人员到岗之后的岗前培训、日常人员管理则由企业负责。派遣员工多数采取"驻场"的方式工作，企业需要给派遣员工提供相应的工作场地并提供生产工具。万一员工和企业闹矛盾了要离职，企业无须处理，派遣机构负责跟进解决纠纷问题。如果合作尚未结束，派遣机构仍需招聘新人入场，继续为企业提供相应的服务，直至服务合同到期。

与业务外包相比，在劳务派遣这种模式下，企业对员工的"掌控力"更强，管理更深入。企业可以在支付一定额度的管理服务费之后，将一些可以外包但又担心对自身产品、市场和服务产生不良影响的业务和岗位通过劳务派遣的方式与外部合作。这样既能达到节约成本的目的，又能对第三方服务商产生更加积极的影响。比如，上面提到的银行柜台的工作人员、企业基础人事服务岗位、IT基础运维岗位等，都可以使用劳务派遣员工驻场工作。

派遣用工也存在一定的弊端。例如，派遣员工虽然驻场工作，且企业为此付出时间和精力进行人员培训，但一旦出现人员流动，企业之前所做的所有努力都要重来一

遍，这对企业来说是一种管理消耗。除此之外，企业内部分不出谁是企业正式员工，谁是外来的派驻员工，但驻场的派遣员工在工作中很容易产生心理落差，归属感低，这对人员稳定性和服务质量也会带来负面影响。

直营用工是 2014 年之后业界为应对派遣员工不能超出员工总数 10%这一规定出现的一种新型用工模式，它综合了外包用工的低成本、派遣员工的强管理两重属性。直营员工不跟企业签署劳动合同，而是与向企业提供服务的第三方供应商签署劳动合同，其他所有的人员管理均由企业自行完成。企业要制定招聘标准，参与人员面试。入职后要对新员工进行岗前培训，包括在工作中进行辅导、绩效评估，连工资和奖金都是由企业完成计算并交由第三方服务商代为发放的。直营员工可以享受企业福利，标准相较正式员工稍低，因此，直营员工对企业的归属感更强，工作结果比外包和派遣要好很多。综合成本计算下来，直营员工比正式员工仍旧低很多。2018 年我在阿里巴巴集团启动直营用工模式探索项目时，测算出直营员工的综合用工成本较正式员工低 40%～50%。

2018 年，阿里巴巴集团的外包业务支出达到惊人的 100 亿元，已经达到甚至超过一些规模型企业一年的营收额。阿里巴巴集团需要把控外包项目的交付质量，还要管理大量项目人员，以及对各种潜在风险进行防范和控制。100 亿元的外包业务当中有约 50%介于业务外包和劳务派遣，也就是业界常说的直营业务，其中有 50 亿元规模属于直营业务。经过人员盘点，直营业务人员规模接近 5 万人，而当年整个阿里巴巴集团正式员工才近 6 万人。于是，在 2019 年，阿里巴巴集团启动了直营用工体系建设，将直营用工作为集团的一种官方用工模式加以推广。

直营用工模式也不是没有缺点的。直营员工归属感强，大多将自己当作企业自己人，因此出现劳动纠纷时容易出现企业公关风险。在各大媒体平台上经常可以看到员工频频曝光企业各种问题，向企业索取利益，实际上有可能这些员工不是企业正式员工，而是直营员工，他们反馈的问题本身就属于制度规定范围内的。比如，某直营员工在某 App 上吐槽抱怨出差时同一部门的同事可以住 500 元/晚的宾馆，而自己只能住 300 元/晚的宾馆。

直营用工模式还有一个缺点，那就是直营用工模式是企业和第三方签署业务外包合同，行人员派遣之事，虽然这在国内各大企业都属于一种常见做法，但企业对第三方服务商的掌控力不够强。企业不能保证第三方服务商只为它提供保质保量的服务，也不能保证随着企业自身业务的扩张，第三方服务商的能力跟得上企业的发展速度和服务要求。于是，国内很多大企业采取自建第三方服务商的形式为企业提供专属服务。比如，华为、美团、阿里巴巴都在自建公司以服务于集团公司的各种业务。

多元化用工设计框架

迭代阶段的企业想要在内部推行多元化用工模式，可以从以下4个步骤着手。

第一步：业务梳理

先对企业内部的所有业务进行梳理，从业务到组织架构，再到具体岗位。根据对业务和岗位的梳理，明确哪些核心业务必须抓在自己手上，由自有员工负责；哪些业务可以直接外包出去，哪些岗位可以使用劳动派遣员工，哪些岗位应该使用直营用工。

第二步：制定标准

根据梳理结果，结合财务和人力测算，给出企业内部不同业务线、不同岗位，自有员工、外包员工、派遣员工、直营员工等几种不同用工模式下的成本分析对比，从而产出企业内部不同业务线用工模式建议，并在管理层达成共识。此外，针对不同的业务用工模式、不同的体量（额度、人数等）形成对应的审批流程。

第三部：筛选供应商

根据不同的用工模式，选择不同的外部供应商提供专业的服务。如果企业希望自建公司来提供用工服务，则应根据企业实际情况设计对应的股权结构和实际控制人。

第四部：完善用工体系

不论企业采取何种用工模式，都应该在人员的招聘、培训、考核、发薪、福利发放、入/离职等方面建立标准的流程和规范，管理越规范，风险防控越到位。有条件的企业，应该将人员管理、流程管理、审批权限等管理动作通过信息系统线上化。对于信息系统，既可以自研，又可以通过外采的集成系统进行功能二次优化开发。

以上是对企业多元化用工模式的探索及项目落地的步骤。对企业来说，多元化用工是降本增效最有效的方式。想要多元化用工项目取得好效果，必须有一套强有力的"班底"来设计并执行这个项目，人力资源部必不可少，是该项目的中流砥柱。此外，财务（测算成本）、法务（合同设计）、采购（对外招投标）、内审（风险防控）、IT（系统产品服务）等其他职能部门的参与同样重要。只有通过多职能部门合作，才可以让多元化用工模式真正落地，并开花结果。

○ 企业生命周期新纪元：组织人才与创新、数字化

第四节　数字化管理工具提升管理效率

　　企业越做越大，随之而来的就是效率有可能逐步下降，而迭代阶段的企业面临创新机制的落地，如果管理效率不能很好地给予正向辅助作用，那么企业就会面临各种协同困难。很多企业通过 ERP 信息系统这样的数字化管理工具来完成企业内部的业务流程化、信息集成、成本控制等，也有企业通过自建数字化管理工具的方式来推动企业信息化建设，从而提升管理效率。本节针对我在阿里巴巴集团组织发展部门任职期间主导设计数字化管理工具的工作做一些介绍说明，起到抛砖引玉的作用。

数字化管理故事二则

　　在和企业管理者、人力资源同僚谈及企业数字化建设时，我都会讲两个企业数字化管理的小故事，这两个小故事对我影响很大，也一直指引着我在企业数字化建设的路上不断学习、探索。

　　2015 年年初，我从支付宝转岗到阿里巴巴集团组织发展部门。当时工位旁边是集团的招聘团队，他们经常会在工位上聊一些海外招聘的奇闻趣事。一天，招聘团队一位有海外工作背景的负责人跟我们讲了她经历过的一件很有意思的事。美国硅谷有一家公

司会在每个员工的工牌里植入一张芯片,刚开始时只采集员工在办公区域说话声音的分贝数据。经过大量数据的收集和分析,公司发现一个很有意思的规律:在公司内开会、讨论等场合说话分贝越高的人,最终获得高绩效的概率越大。说话声音大小会影响员工绩效?听起来不可思议,实际上只要留心观察就会发现,那些在工作中善于表达、敢于表达的人,往往比较优秀,他们思维敏捷、表达清晰,最终也会取得好的绩效结果。

另一个故事是关于谷歌的。谷歌公司是业内很早就开始进行组织信息化、数字化探索的企业,它的人力资源部招聘了大量的统计学、社会学、心理学方面的专家,本专业的人很少。因为谷歌公司的技术属性,所以公司提倡工程师文化。公司曾经做过一个小测试:工程师们集中工作的楼层茶水间,原先摆满了各种精美的小蛋糕、饼干、饮料、咖啡等。后来人力资源部将其中几个楼层的茶点清空,换成最普通的咖啡。经过一段时间的测试发现,那些被清空茶点所在楼层的工程师们,他们的工作并没有受到影响,代码量、代码质量维持在原先的水平甚至略有提升。于是,公司决定将所有楼层的精美茶点全部撤销,改为供应普通茶点。当然,这个决定的真正目的并非为了节约公司行政的办公费用,而是体现出一家高科技企业通过挖掘、分析大数据,给企业的日常经营管理带来更加客观、科学的参考依据。

管理关心台

2015 年下半年,在阿里巴巴集团 E 表人财上线半年后,我所在的组织发展部启动了名为 PMO 的数字化建设项目,通过数据分析产品化、管理行为数字化等形式来诊断组织、管理人才,最终达到提升管理效率、帮助提升组织能力的发展目标。

PMO 这 3 个字母代表 3 个角色和 3 个视角。

P(Personal):个人工作台或个人页面,代表员工个体,体现员工个人视角。员工每天打开电脑,就可以登录员工个人工作台页面,上面整合了各种工作系统和工具入口,方便员工快捷登录使用,省去登录不同系统工具的麻烦。同时,个人工作台还通过数据分析为员工推荐其感兴趣的话题、培训课程、内部开发的小工具等,主打"千人千面"

的工作台风格，充分体现 SNS 社交属性和互联网组织的创新与活力。

M（Management）：管理关心台（和业务系统的"关心台"不同，这里的"关心"更贴近阿里巴巴"员工第二"的文化价值观），代表管理者，体现团队管理视角。带人的管理者可以登录管理关心台，上面整合了大多数管理者日常工作所需的各种系统产品入口，同时通过对各种团队和人员数据的分析，为管理者做出管理决策提供参考依据。

O（Organization）：集团组织页面，代表集团高层管理者，体现集团管理视角。高层管理者可以通过登录集团组织页面查看组织诊断的关键数据指标和变化趋势，关注核心关键人才的动态，以及组织采集到的数据分析结果。

管理关心台的定位

我有幸参与 PMO 项目并负责其中管理关心台的设计、研发及日常运营。管理关心台是企业内部所有管理者的一站式团队管理及工作平台。管理关心台的设计思路：以拿结果、建团队、推文化为主轴，整合各个内部系统的数据，加工后呈现给管理者和 HR，数据本身没有好坏，但可以在不同的使用场景下为管理者进行团队管理和业务决策提供有效依据。

既然定位为一站式团队管理和工作平台，就必须尽可能整合所有的管理者日常工作所需的系统平台。参考 E 表人财的产品设计思路，管理关心台上线的第一期产品，打通了人力资源、财务、廉政、行政、IT、BPM（工作流审批系统）、公益七大职能部门的系统平台和数据。在人力资源模块下，将绩效、盘点、招聘、假期、入/离职、学习平台等多个子业务系统贯通，管理者在管理关心台上可以顺畅地进行操作和查看数据，实现管理者和团队 HR 快速诊断并做出相应的管理决策。

管理关心台的内容和指标

管理关心台以拿结果、建团队、推文化为主轴，因此管理者需要做好三件事：制定目标并拿到结果；搭建一支高效且可以拿到业务结果的团队；营造良好的团队氛围，辅助团队实现业务目标。我把它们称为"管理者开门三件事"，这三件事和管理关心台设计思想的关系如下图所示。

第六章 迭代阶段的企业如何寻找第二增长曲线

制定目标并拿到结果
  • 拿结果

组建一支高效且可以拿到业务结果的团队
  • 建团队

营造良好的团队文化氛围，辅助团队实现业务目标
  • 推文化

拿结果

如何通过数据呈现帮助管理者带领团队拿结果？我们设计从投入和产出两个维度入手。通过团队的"园区工作时长"指标来评估人员投入度，通过绩效目标录入和绩效考核结果分布来评估团队的最终业绩结果。

指标一：团队热力图，如下图所示（以下所有图示数据均为举例，非真实数据）。

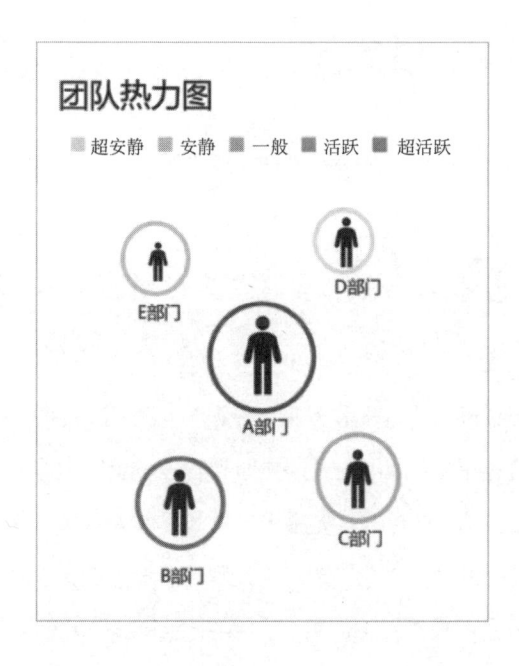

团队热力图
■ 超安静 ■ 安静 ■ 一般 ■ 活跃 ■ 超活跃

E部门 D部门
A部门
B部门 C部门

◯ **企业生命周期新纪元**：组织人才与创新、数字化

阿里巴巴成立多年，一直秉持不要求员工上下班考勤打卡，让员工具有一定的自由度。因此在数据上没有呈现"上下班时间"或者"工作时长"，而是巧妙地以"团队热力图"的形式来呈现管理者下辖各个团队在园区的工作时长。同时，采用超活跃、活跃、一般、安静、超安静5个档次的5种颜色而不是具体的时长数据来表现，在园区待的时间越长，热力图颜色越深。

数据没有绝对的好与坏，需要横向对比并加上管理者的判断，才能成为有效支撑，为管理决策贡献其价值。因此，团队热力图并非颜色越深就一定越好，无效加班，或者颜色深但业绩产出不佳，同样值得管理者进行剖析，找到具体的原因以便对症下药。这个工具上线后，在园区热力图上，阿里云团队长期霸榜。恰好因为那几年是阿里云的高速增长期，一度突破3位数的业绩增长速度，跟团队大量的时间投入是分不开的。

指标二：团队绩效目标设置情况如下图所示。

目标设置情况
2015年上半年绩效考核
88 设置目标
12 未设置目标
催一下

通过团队成员的"设置目标"人数和"未设置目标"人数，可以侧面反映出管理者在团队目标分解、共识上的进度和效果。根据半年度/年度绩效考核周期的要求，员工应该在年初公司目标下发到团队之后，立即和管理者就个人半年度/年度目标达成共识，形成书面目标内容及考核标准。如果未设置目标的人数多，说明目标分解、共识、定稿的管理动作没有做到位甚至没有做，这就倒逼着管理者加强团队的绩效目标管理。

管理者可以单击"设置目标"的数字，系统会自动跳转到绩效系统页面，实现快

速查看绩效目标内容。单击未"设置目标"的数字，页面会弹出提示框将没有设置个人目标的团队成员名单罗列出来。只要单击"催一下"功能按钮，便可以给尚未设置目标的员工发送信息通知，催促他们尽快设置个人绩效考核目标。

指标三：目标动态如下图所示。

目标动态可以为管理者实时呈现团队成员对绩效目标的操作，包括：何时某员工添加了一条新绩效目标、何时某员工的绩效考核收到合作伙伴的点评，以及何时某员工删除、延期一项绩效目标等。管理者可以单击"详情"按钮进入绩效系统，查看具体操作内容，方便又快捷。

指标四：目标完成情况如下图所示。

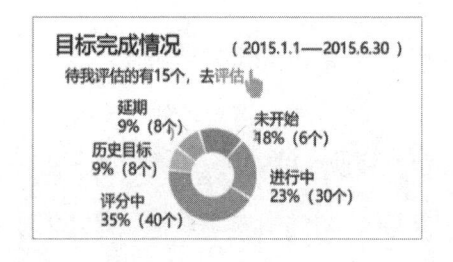

目标完成情况呈现的是团队在绩效考核周期届满时，员工绩效考核自评动作的完成情况。管理者可以清晰地看到，绩效考核周期到期时，团队有多少目标尚未开始评估、哪些目标在自评过程中、哪些目标正在进行尚未进入评估阶段、哪些绩效目标被员工设置成"延期"完成，以及哪些历史目标顺延到本考核周期。

上述数据都可以通过单击切换到绩效考核系统，方便管理者查看具体内容。同时，管理者可以单击"去评估"按钮，进入绩效考核系统，对员工已经完成评估待主管打分评估的绩效目标进行打分。

指标五：合作伙伴反馈如下图所示。

```
合作伙伴反馈
邀评 (30)  客户评 (25)         13      8      1
30次目标邀评，22次已反馈        好评    中评   差评
```

阿里巴巴绩效考核系统设计了一项"邀评"功能，即员工在录入某个绩效考核目标时，可以选择将目标开放给合作伙伴和内部客户。在进行绩效考核自评时，除了可以自评打分，还可以邀请内部合作伙伴和内部客户对自己的目标产出进行打分。这两项打分会呈现给管理者，让管理者更全面地了解员工绩效完成情况，给主管最后评估绩效结果提供参考依据。

合作伙伴反馈就是将通过"邀评"功能产生的数据实时呈现给管理者，包括有多少条绩效目标发出了邀评、合作伙伴或客户评估了多少条，以及已评估打分的这些目标中多少被打了高绩效、多少被打了中等绩效，以及多少被打了低绩效，并分别用笑脸、正常脸、哭脸表示高、中、低绩效结果，既生动又真实。主管可以单击相应的数字切换到绩效系统中查看具体内容。

建团队

通过团队（在职人员）构成分析、团队异动（人员入/离职）两个维度来呈现团队情况，可以帮助管理者鉴别团队的健康度和发展需求。

指标一：团队构成如下图所示。

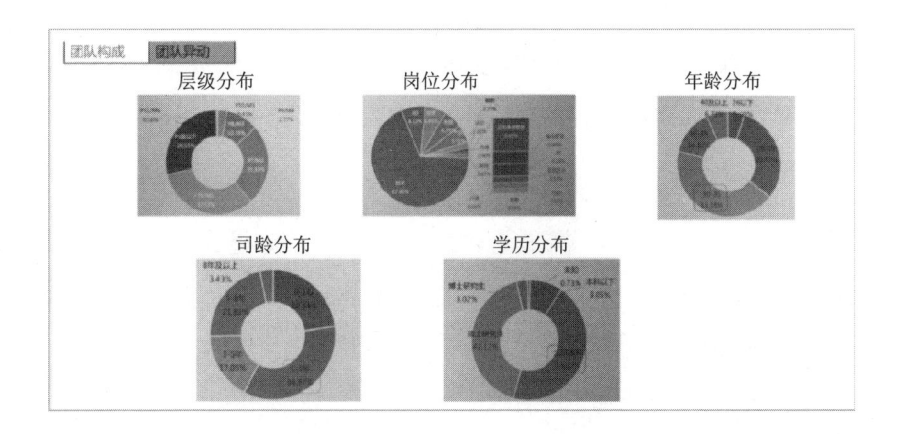

团队构成通过团队人员的层级、岗位、年龄、司龄、学历 5 个维度呈现。管理者可以在层级分布中继续单击,向下继续查看某一个层级人员的岗位分布、年龄分布、司龄分布和学历分布等。团队构成数据可以帮助管理者和 HR 更加全面地了解团队人员的构成情况,尤其是团队新管理者或者业务调整带来的团队整合,这个工具的价值非常大。同时,对管理者及 HR 来说,这些数据用来做人才盘点也是"神助攻",不再需要线下利用 Excel 统计分析,直接通过线上截图或者导出数据就可以放进 PPT 用于汇报,大大提升了工作效率。

指标二:团队异动如下图所示。

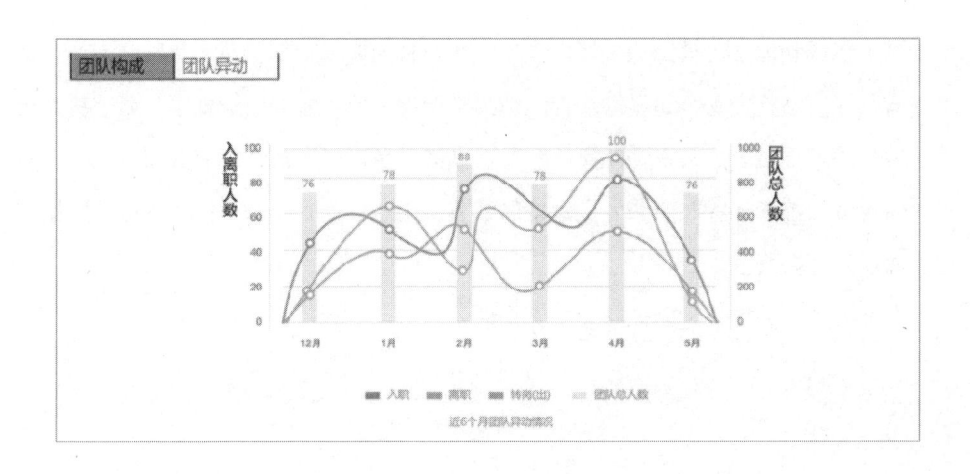

在这里，可以实时呈现团队在职、入职、离职、转岗离开的人数（按月呈现）。管理者可以单击查看离职、转岗的详细名单，大大方便了管理者对团队人员信息的全面了解和实时掌控。

推文化

用数据、指标来衡量一个团队的文化着实比较困难，经过项目组头脑风暴，并进行实践再提炼，最终在第一期管理关心台上使用了以下 3 个指标。

指标一：团队小日子，如下图所示。

为了体现管理者对员工的关怀，管理关心台将团队成员的生日、热帖、入职、周年、离职等信息整合到一起提供给管理者实时查看，便于他们跟进处理，名字更是用了人性化的"小日子"来定义，管理者可以单击人名，切换到对应的页面送上个人祝福。因为可以帮管理者在团队人员管理的细节上不遗漏，"团队小日子"这一数据和功能深受管理者喜爱。

指标二：团队文化之阳光味，如下图所示。

"阳光味"是阿里巴巴绩效考核特有的数据产出。"阳光味"取自绩效考评中价值观考核结果为 A 的员工必须提交的价值观案例,旨在更好地弘扬"六脉神剑"价值观,用员工亲身经历的真实案例来供大家学习。

指标三:团队文化之教学相长,如下图所示。

"教学相长"提取了团队所有人员在组织内部学习平台上的学习时长数据,呈现团队人均学习时长、团队总学习时长,同时以集团人均学习时长作为参考指标,来评估团队学习型组织的氛围。管理者可以单击数据,查看具体哪些人学习了哪些内容等

明细数据。

团队看板

除了前面展现的拿结果、建团队、推文化 3 个维度的内容和指标,我还将管理者关注度最高(通过摸底调研获取)的团队管理指标和数据,在管理关心台最显著的位置呈现给管理者,第一期上线的管理关心台用"团队看板"的形式呈现六大指标数据,如下图所示。

指标一:团队待办

将集团内工作流系统的审批数据,包括各种业务审批、假期审批、权限申请等按照"3 天内处理""超 3 天未处理"两个口径进行整理汇总并呈现。呈现这些数据,是希望管理者可以关注团队中哪些重要的审批流程滞留时间过长,这些审批流程很可能会对上下游合作团队造成很大的影响。例如:一个员工请假申请超过 3 天未审批,和一个员工申请活动预算超过 3 天未审批,这两条未审批的流程对团队目标达成甚至对公司的影响程度是完全不同的。

通过呈现审批流程的完成及超时数据,帮助管理者提高管理效率,加快问题的解决速度。管理者可以单击数字查看具体是哪个系统中的哪条工作流超过 3 天未审批完成,快速、精准定位。

指标二:团队 HC

呈现团队中的在职人数,以及还有多少人员预算编制。通过单击空缺人数(Head Count,HC)数字,可以查看这些空缺 HC 分布在哪些岗位,这些岗位中的哪些已经完成招聘需求信息,哪些岗位已经有简历投递进来,哪些岗位已经有候选人在面试、处于第几轮面试。通过连接招聘系统数据,将管理者关心的招聘流程和效率直接呈现出来。

指标三:团队离职率

呈现团队整体的离职率、可惜离职率,同时将统计汇总的集团离职率水平呈现出来作为参考,供管理者评估自己团队离职率水平是否正常,如果过高或者过低,可以跟进挖掘具体原因。管理者单击可惜离职率数字,可以查看可惜离职人员名单等详细信息。

指标四:团队出勤

与团队的差旅申请、假期等系统数据连接,给管理者呈现当前团队的整体出勤情况:正常出勤人数有多少、有多少人请假、有多少人出差,以及有多少属于 Xman(特指没有请假、出差,也没有在办公园区出现)。管理者单击请假按钮,可以查看具体哪些人请了何种假期,以及请了多少天;单击 Xman 按钮,可以查看具体人员名单。

指标五:团建费

公司每年给予管理者一定的团建费,按团队人数计算。管理者可以使用这笔经费安排各种团队活动,从而达到提升团队凝聚力、活跃团队氛围的目的。这里呈现的是团建费已经花费多少、剩余多少,以及中途有多少新人加入或者有多少人员离开,管理关心台会自动同步财务报销系统中折算出来的新团建费数据。单击已经花费的金额,可以查看已经报销的团建费记录。

指标六:团队公益时

团队公益时指标是 2016 年集团特有的数据指标。当年集团提出"人均公益 3 小时"的口号,提倡每位员工每年完成 3 小时公益时,管理者要考核团队成员的公益时

○ **企业生命周期新纪元**：组织人才与创新、数字化

完成情况。因此呈现这一指标，可以帮助管理者实时查看团队有哪些人已经完成公益时、哪些人还没有完成，以及集团平均公益时、团队人均公益时分别是多少。对于公益时为 0 的，支持管理者查看具体的名单信息。

除了上面这些指标，管理关心台还做了其他探索。比如体现员工健康、生活元素的"最喜爱食堂"，通过员工对园区各食堂的光顾次数来体现食堂的受喜爱程度。原计划在这个数据下继续呈现员工最喜爱的菜品是什么，以及这些菜品的配料和健康元素有哪些、卡路里分别是多少。我们甚至想把这些数据与员工体检结果数据联系起来，根据员工体检结果给员工推荐更适合身体健康的菜品，但受限于当时食堂供应商的管理和数据提供能力，这一设想未能实现。

此外，管理关心台针对一定级别以上的管理者提供"包裹数量"和"咖啡消费水平"两个数据，呈现团队在园区内每天领取了多少包裹、消费了多少咖啡。这两个指标没有对比，仅供管理者参考。例如，在咖啡消费上，市场营销团队消费咖啡多可以理解为他们的工作性质要求他们常常和外部供应商见面，出于工作需要到园区咖啡厅坐下喝杯咖啡，无可厚非。但如果一支技术开发团队的咖啡消费数量大增，那么背后有什么问题需要管理者自己去挖掘和思考。管理关心台只呈现数据，不做判断。

走到迭代阶段的大企业，不论是自建还是外部采购，都可以在流程线上化、行为数据化、数据结构化这种思路下开发出适合企业特征的数字化管理工具，为提升企业管理效率、激发组织活力提供支撑。组织有了活力，就有了不断创新的活力和机制，就可以不断生发出帮助企业获得新增长的第二曲线，从而在企业生命周期的发展历程中不断破茧重生、扬帆远行。

附录 A：阿里巴巴小故事

晋升失败者联盟

早些年，阿里巴巴集团每年进行一次集团年度人才晋升，视需要可以在每年"双11"之后启动一次特殊晋升。2015年年度晋升之后，一位市场部员工因从P5晋升P6失败，心有不甘，于是通过旺旺建了一个群，群里都是当年晋升失败的人。他们在群里吐槽自己在晋升中遭受的各种不公。有人说主管偏袒别人不支持自己，有人说面试官根本不了解自己的工作凭啥来做晋升面试官……刚开始群里只有几十个人，后来"队伍"越来越大，到了第二年晋升结束之后，群里已经有好几百人。他们戏称自己是"晋升失败者联盟"。

由于我负责集团晋升项目，便以普通员工的身份"潜入"这个旺旺群，默默地听大家对晋升的各种吐槽，从中吸取有效建议，转化为晋升的改进措施，比如面试官的选取、晋升提名规则的优化等。

随着时间慢慢推移，我发现一个很有意思的现象：群里的风格，从过去一味吐槽甚至有些戾气慢慢转变为大家彼此相互了解和合作。"你在负责什么产品？有什么运营思路？我手头刚好有一些商家资源，要不要一起合作？""你们团队招不招产品经理？我给你推荐个人。""我最近遇到一个难题，有没有人可以帮忙一起想想办法？"……

从晋升失败者联盟到资源合作互助群，公司没有进行过任何干预。这种变化完全来自一群积极、乐观的互联网年轻人，他们有创意、有活力，面对不公敢于说出真实的想法，这就是一家企业具备活力的最佳体现。很多企业在遇到员工的负面反馈时，第一时间想到的是"堵"而不是"疏"，殊不知这是"堵"不住的。现在职场的年轻人相比过去更加敢于表达，更加在意组织内部公平、公正的环境和文化。企业要做的是创造一个良好的、具有"容错"能力的环境和氛围。

永远买不到的馒头

阿里巴巴集团总部位于杭州市余杭区，内部员工称之为西溪园区，外人常说淘宝城。西溪园区有9栋办公楼，刚启用时在1号楼、2号楼、8号楼分别配备了3个员工食堂。每个食堂都有自己的特色美食，深受员工们喜爱。2食堂的面点尤其是馒头比较出名，园区内在不同办公楼办公的员工都会跑去2食堂争相购买。

一向不在公司吃晚饭的同事，听闻2食堂馒头好吃，下班后兴冲冲跑去2食堂排队买馒头，但连续好几天都买不到。她一次比一次去得早，最后一次不到6点就跑去窗口排队，结果轮到她时，她发现所有馒头都被前面的同事一袋一袋地打包拎走了。回来她便跟我们说，2食堂的馒头是永远买不到的馒头。

我们部门的小伙伴跟她一起分析为什么2食堂的馒头永远买不到：公司提供晚上加班用餐补贴13元，但要求晚上6点之后才能使用工牌刷卡消费，不能提前使用且超出13元的部分自行负担，13元以内则由公司买单。因此，如果只吃馒头不买菜，用这个补贴标准每个人都能够买一堆馒头。那么，究竟是谁在大量买馒头呢？我们跑去食堂蹲点观察，发现有两种人会成袋购买馒头，一种是拿着一堆工牌帮很多人代买，大家都想尝尝这好吃的馒头；另一种是拿着一张工牌（最多两张工牌）买一堆馒头，后者大概率是买回家全家第二天当早饭吃。这就造成了资源配置的不合理。

公司提供加班用餐补贴的初衷，是给晚上加班的员工提供福利。员工加班在公司吃晚饭这很正常，但是如果员工到了下班时间点，跑去食堂买一堆吃的转身下班回家，这是不是就违背了公司提供加班补贴这项福利的初衷呢？为了佐证这个想法，我们又跑去统计有多少人背着包去食堂买吃的并且买完就回家。除了西溪园区食堂，我们还到滨江园区食堂去蹲点观察，发现滨江园区最受欢迎的是西餐糕点，一到晚上 6 点各种面包被一抢而空，和西溪园区出现了相同的情况，大约有一小半人是买了东西就下班回家的。

后来这一现象被摆到管理会议上，管理层讨论阿里巴巴福利制度设计的初心和人性发生冲突时，公司应该如何抉择？最终公司还是继续保留加班用餐福利，仍旧继续投入资源设计更加人性化的福利政策，包括员工加班至晚上 9 点后可打车回家等。当公司福利和人性发生冲突产生灰色地带时，阿里巴巴靠的是文化和管理约束力。事实证明，随着时间的推移，成袋买晚餐的现象越来越少，毕竟绝大多数人都受不了买一堆馒头后身旁同事投来的异样目光。

企业发展好，有条件为员工提供更多人性化的福利，这样做很受欢迎，但随着时间的推移，企业走入不同的发展阶段，对福利政策会做出相应的调整，这样也无可厚非。员工不应该把福利当作"理所应当"之事。例如，阿里巴巴近期调高了饭补标准、取消了加班打车报销政策。企业需要在变化中适时调整相应的政策，这些并不是一成不变的。

笑傲江湖

2012 年，阿里巴巴进行组织变革，将各个业务子公司合并，成立集团公司，这次组织变革被命名为"One Company"。集团公司成立之后，由集团人力资源部的人才发展团队发起，通过全集团人才盘点，选拔出了一批年轻、绩效好、有潜力的各个业务线的中基层管理干部（层级以 M3P8 为主），集中起来实施干部培养计划，这个培养计划被称作"笑傲江湖"人才培养计划。

"笑傲江湖"将这批管理干部苗子全部打散分成不同的小组，每个小组配备一名班主任，负责日常运营管理（我报名成为其中一个小组的班主任），给每个小组指派至少 3 名集团高管作为辅导人，给他们挂的头衔是"管理学院院长"，院长需要给他们培训授课，提供各种支持以解决工作难题，打通集团各条业务线的边界，协同作战完成业绩指标。"笑傲江湖"的定位就是提高眼界、打破边界、协同作战。

很遗憾，"笑傲江湖"一期结束之后，因为组织架构的各种调整导致二期未能如愿开班。时至今日，回看"笑傲江湖"一期的学员们，他们有的成为核心业务总裁，有的成为阿里巴巴投资公司的 CEO，还有的成为阿里巴巴合伙人，"笑傲江湖"培养计划真可谓硕果累累。

当企业发展到一定阶段以后，人才"内生"是解决企业发展所需人才的唯一途径。空降、外部引进可以解决临时的人才短缺，企业长期发展所需的各种人才必须从企业内部培养。

阿里云，杀杀杀

2018 年，我在集团人力资源部投并购团队负责本地生活、物流和创新业务板块的人力资源工作，受阿里云投后团队同事邀约参加2018年阿里云年会。年会在云溪小镇的一个会议中心举行，会场容纳了超1000人，其他阿里云同事线上参加年会。

主持人开场后，首先上台讲话的是当时的阿里云负责人孙权（胡晓明），孙权上台接过话筒，简单寒暄后说道："同学们，来，全体起立，我们一起喊一下阿里云的口号。"于是，我随着身边的人一起站起来。当会场传来孙权铿锵有力的"阿里云"喊声后，身边立马传来整齐划一的"杀、杀、杀"的呼喊声。呼喊声震耳欲聋，让我顿时感觉头皮发麻，两耳嗡嗡作响，仿佛置身于有千军万马厮杀的战场之上。我还没有反应过来，接着又来了第二遍、第三遍，现场每一次千人呼喊声感觉都能把屋顶掀起来。三遍口号结束，所有人坐下开始聆听孙权讲话。

"阿里云，杀杀杀"并非阿里云年会才有，它几乎成了阿里云那几年会议开场"标配"。在那几年，阿里云开疆拓土，发展迅猛，每年的业绩几乎以 3 位数的增速向前奔跑。阿里云这种大杀四方的团队文化，与一号位孙权的个人风格有直接关系。如果前一任阿里云领导人王坚博士是儒雅类型，那么孙权绝对称得上虎将风格。他以结果为导向，要求大家必须拿到业务结果，其他免谈。他对团队的要求极高，每天早上 9 点准时召开管理例会，聆听前一天的工作报告，坚持不辍。他对自己的要求也极其严格，每天上午 8 点半到公司提前准备会议，常年坚持。

千军易得，一将难求。企业在开疆拓土的发展阶段，拥有一名进攻型管理者是非常有必要的，只有进攻型管理者身上所具有的狼性文化才能带领整个团队不断前进。

钉钉扫楼

钉钉十几人的创始团队从湖畔花园起步，而后团队扩大到上百人，便入驻文二西路上的龙章大厦办公。人员规模从 100 多人发展到四五百人，办公室从一层楼到两层楼，甚至到三层都装不下，直到后来团队发展到近千人，才搬入余杭区的未来 park 公园大厦。

钉钉的飞速发展离不开对客户需求的精准把握和对痛点问题的解决。钉钉发展早期，创始人无招白天带着团队到处见企业客户，收集他们在企业办公、内部协同和沟通上的痛点，晚上回到公司连夜开会商讨产品解决方案，开发工程师连夜编写代码，几天时间便可以快速上线一个功能，而后一遍遍迭代更新。当我到龙章大厦找钉钉 HR 负责人做调研访谈，他向我介绍钉钉的业务和团队时，提到的一个细节引起了我的注意。他说，在龙章大厦钉钉的每一个办公楼层，晚上 11 点之后的会议室是订不到的，因为上一个会议还没有结束，也不知道什么时候会结束。从他的话中我感到了自豪、激动又有些无奈，不禁为之动容。当我第二次来到未来 park 公园大厦钉钉新办公楼交流时，这位负责人略带自嘲的口吻说："我们现在办公区更大了，会议室更多了，但晚上 11 点还是抢不到会议室。"考虑到公司的长远发展和员工健康，现在每天晚上 10 点半，他会和无招一起扫楼，遇到还在会议室开会的人一律赶回家强制下班休息。每个团队每周可申请 1~2 次超过 10 点半的会议，但不允许超过两次。

没有一家创业成功的企业是轻松走过来的，如同早些年天目山路晚上 10 点灯火通明的支付宝大楼。钉钉在创业路上的艰辛也是有目共睹的。如果没有云智能、云钉一体这些集团战略部署，无招带领钉钉走上独立融资并上市的路也不是没有可能，因为有创业精神在，有以客户为本的思想在，有奋斗的魂在。

神帖终结者

阿里巴巴集团内部有一个名为"阿里巴巴味"的论坛，就像早年的 BBS 网站，员工可以在上面自由发表言论，阿里巴巴也宣称"永不删帖"。员工遇到开心或不开心的事，或者员工关心的话题都会成为阿里巴巴味上的帖子被所有人看到，点赞、留言多、置顶时间久的帖子就是热帖，也被称作"神帖"。晋升、绩效、热点话题都曾经成为神帖，长期"霸榜"。

在过去很多年里，每年都会出现关于绩效、晋升的神帖，员工认为自己在绩效考核、晋升中遭遇到不公正待遇，便会在阿里巴巴味上发帖，寻求员工支持和公司关注。热度起来后，公司必须给予回应，否则会在员工中引起各种连锁效应，这时有些人便会站出来，在阿里巴巴味上对员工反映的及广大员工关心的问题给予回应。并不是所有的回应都能得到员工认可，一旦员工不认可，问题就会继续"发酵"，直到下一个人站出来回应，周而复始，使得神帖热度只增不减。能够做到直击员工反映问题的本质，平息员工情绪的发帖人，被称作"神帖终结者"。

附录A：阿里巴巴小故事

　　阿里巴巴内部有几位公认的神帖终结者，第一位是阿里巴巴十八罗汉之一的彭蕾（lucy），她在首席人力官岗位上工作多年，因此每当阿里巴巴味上出现跟人力资源制度、政策、流程有关的热帖时，只要她回帖，大家都会心悦诚服。她有很多名言金句，"即便是毒草也要让它长在阳光下""大家不要过分关注股票这件事，签完字放进抽屉里，该干嘛干嘛去，公司发展好了不会亏待大家"……

　　第二位神帖终结者是集团组织发展团队的灵魂人物苗翠花，她是阿里巴巴集团绩效、晋升等多项改革的设计者，因此只要跟绩效、晋升有关，她的回复总能引起员工的共鸣和认可。更难能可贵的是，她和员工走得很近，当有员工在绩效上遇到问题时，她会主动约员工喝杯咖啡，敞开聊。如果是员工的问题，则会帮助辅导员工改进；如果是主管的问题，则会帮助员工跟进管理者，直到问题解决；如果是流程制度问题，则会及时跟进完善流程制度。

　　还有一位我心目中的神帖终结者孙权，他身上体现出来的老阿里巴巴的思想和行为值得很多阿里巴巴管理者学习。他在调任蚂蚁集团CEO期间，遇到一位蚂蚁员工在内网发帖反馈个人绩效不公及管理者管理失职的问题，帖子很快成为热帖。作为蚂蚁集团 CEO 的孙权，第一时间公开回复员工将组建调查小组进行调研，并承诺在某时间节点给出答复。果然，在规定的时间内，孙权亲自带领调查小组开展工作，将调查结果一一公示：有管理者的管理责任，有员工工作开展过程中的沟通对焦不足，事实清楚、证据明确。发帖员工认可，全体员工心服口服。大家一致反馈，孙权的回复接地气、讲人话、有效果。

　　一家企业的文化价值观，不是贴在墙上的口号，而是体现在管理者的一言一行中的，管理者是组织的直接代言人。像阿里巴巴味这样的"文化阵地"是最直接体现组织要什么、不要什么，组织提倡什么、不提倡什么的窗口和载体，管理者必须坚守这个阵地，善用这个阵地。这也是彭蕾担任首席人力官期间，一直要求集团高层管理者必须定期翻阅并回复员工发帖的根本原因。